AF558372

Griechische Sagen für Kinder

Griechische Sagen für Kinder

Neu erzählt von Elke Leger

Illustriert von Anne Bernhardi

Anaconda

Penguin Random House Verlagsgruppe FSC® N001967

5. Auflage

einem Unternehmen der Penguin Random House Verlagsgruppe GmbH,
Neumarkter Straße 28, 81673 München

produktsicherheit@penguinrandomhouse.de
(Vorstehende Angaben sind zugleich Pflichtinformationen nach GPSR)

Umschlaggestaltung: dyadesign, www.dya.de,
unter Verwendung einer Illustration von Anne Bernhardi
Satz und Layout: Andreas Paqué, www.paque.de
Druck und Bindung: Mohn Media Mohndruck GmbH, Gütersloh
Printed in Germany
ISBN 978-3-7306-0904-0
www.anacondaverlag.de

Inhalt

Ein kleines Vorwort

Warum der Himmel nicht herunterfällt

Wenn der Wind sachte durch das raschelnde Schilf am Ufer eines Sees strich, sagten die Menschen in Griechenland früher: „Hört nur, der Gott Pan spielt auf seiner Hirtenflöte!“ Wenn die Sonne morgens aufging und abends am Horizont versank, meinten die Leute, der Sonnengott Helios fahre mit seinem glühenden Wagen über den Himmel. Und wenn jemand gestorben war, so glaubte man, er lebe nun bei Hades, dem Gott der Unterwelt.

Vor vielen Tausend Jahren war die Welt voller Sagen und Geschichten. Denn man konnte sich noch nicht erklären, wie es kommt, dass morgens die Sonne aufgeht und abends wieder untergeht. Darum meinte man, feurige Pferde würden den Sonnengott in einem glühenden Wagen über den Himmel ziehen. Und wieso fällt der Himmel nicht auf unsere Köpfe? Die Menschen nahmen an, ein unglaublich starker Riese namens Atlas trage das Himmelsgewölbe auf seinen Schultern.

Man wollte wissen, wie die Welt und die Natur funktionierten. Aber die Menschen damals hatten noch nicht die

Möglichkeit, die Dinge zu erforschen, wie wir es heute können. So erfanden sie Geschichten, in denen Götter und Geister über die Natur herrschten. Und damit alles schön spannend wurde, tauchten auch tapfere Helden und schreckliche Ungeheuer darin auf.

Der Dichter Homer

Früher konnten die Menschen diese Geschichten noch nicht aufschreiben, darum erzählten sie sie mündlich weiter. Bis ein griechischer Dichter namens Homer zur Feder griff und das, was ihm erzählt worden war, niederschrieb. Später wurden diese Geschichten in andere Sprachen übersetzt.

Sie klingen wie Gedichte. Die Geschichte über die Abenteuer des Odysseus zum Beispiel kann man in einem schönen Rhythmus sprechen. In der deutschen Übersetzung beginnt sie so:

Sage mir, Muse, die Taten
  des vielgewanderten Mannes,
welcher so weit geirrt, nach der
  heiligen Troja Zerstörung,
vieler Menschen Städte gesehn,
  und Sitte gelernt hat,
und auf dem Meere so viel
  unnennbare Leiden erduldet,
seine Seele zu retten und
  seiner Freunde Zurückkunft.

Die Sage über den Krieg von Troja – man nennt sie die „Ilias“ – und die Abenteuer des Odysseus – das ist die

„Odyssee“ – würden wir nicht kennen, hätte Homer sie nicht niedergeschrieben. Er schildert darin, wie die Menschen damals gelebt haben. Darum wissen wir heute ziemlich genau, wie die Rüstungen und Waffen aussahen, welche Kleidung die Menschen damals trugen und wie sie lebten.

So wie unsere Märchen sind auch die griechischen Sagen der Fantasie entsprungen. In diesem Buch findest du einige besonders schöne oder spannende von ihnen. Sie wurden in unserer heutigen Sprache für dich neu erzählt.

Wie Prometheus den Menschen das Feuer brachte

Als die Götter die Welt erschaffen hatten, sah sie schon fast so aus, wie wir sie heute kennen. Es gab Berge und Täler, Flüsse plätscherten durch die Landschaft und in den Meeren hoben und senkten sich die Wellen.

Auch an die Tiere hatten die Götter gedacht. In der Luft zwitscherten die Vögel und im Wasser tummelten sich die Fische. Auf dem Erdboden wieherten die Pferde, schlängelten sich die Schlangen durchs Gras und brummten die wilden Bären. Es gab Bäume und Blumen, Wüsten und Wiesen.

So war die Welt, als Prometheus, ein Enkel des Himmelsgottes Uranos, aus der Götterwelt zu ihr hinabstieg. Sein Name bedeutet „der Vorausdenkende“, und er war wirklich voller Ideen und sehr klug.

Er staunte, wie wunderschön die Götter die Erde gestaltet hatten. Aber etwas fehlt hier doch, dachte er. Ein Lebewesen, das Verstand besitzt und den Göttern ähnlich ist. Warum hatten die Götter bloß vergessen, den Menschen zu erschaffen?

Prometheus wusste, wie man es anstellen musste. Er nahm Erde, Sand und Wasser und formte daraus einen Körper mit Kopf, Bauch, Armen und Beinen. Von den Tieren nahm er die guten und die schlechten Eigenschaften und schenkte sie dem neuen Menschen.

Dann rief er seine Freundin Athene zu sich, die Göttin der Weisheit. „Gib dem Menschen einen wachen Geist, damit er denken und klug handeln kann!“, bat er die Göttin. Athene holte tief Luft. Dann blies sie ihren göttlichen Atem in den Körper hinein. Der Mensch öffnete seine Augen, lächelte und sah neugierig um sich. Nun war er so, wie Prometheus ihn sich wünschte.

Bald gab es mehr als einen Menschen, denn sie vermehrten sich schnell. Sie verbreiteten sich überall auf der Welt. Manche von ihnen zogen dorthin, wo es immer heiß und trocken ist, andere waren lieber in der Kälte zu Hause. Die einen fanden ihre Heimat im Gebirge, die anderen an den Küsten der Meere. Sie führten ein glückliches Leben. Denn auf der Erde gab es keinen Krieg, keine Krankheiten und keine Schmerzen.

Prometheus war stolz auf die Menschen, die er erschaffen hatte. Und er half ihnen, sich auf der Welt zurechtzu-

finden. Er lehrte sie, Werkzeuge zu basteln und mit ihnen zu arbeiten. Er zeigte ihnen, wie sie Schiffe zusammenzimmern und mit ihnen übers Meer segeln konnten. Von ihm lernten sie, Häuser zu bauen und Getreide auszusäen.

Zeus, der Göttervater, sah sich das Treiben auf der Welt oben vom Olymp aus an. Sie gefielen ihm gar nicht schlecht, diese Menschen. Er würde seine Hand schützend über sie halten. Aber nur, wenn sie ihn anbeten und nach

seinen Gesetzen leben würden. Schließlich war er der Herrscher über den Himmel und die Erde.

Prometheus freute sich, dass die Menschen den Göttern gefielen. Darum wagte er es, Zeus um einen Gefallen zu bitten. „Die Menschen haben alles, was sie brauchen", sagte er. „Aber etwas sehr Wichtiges fehlt ihnen noch!"

„So?", entgegnete Zeus. „Was ist denn so wichtig für das Leben auf der Erde?"

Prometheus wagte kaum, seinen Wunsch auszusprechen. Schließlich war der Göttervater bekannt dafür, dass er streng war und manchmal gewaltige Wutausbrüche bekam. Darum sagte er ganz leise: „Das Feuer, o großer Zeus! Das Feuer fehlt den Menschen, um sich zu wärmen und Speisen zu kochen!"

Zeus schüttelte zornig den Kopf. „Alles will ich den Menschen gern schenken. Aber nicht das Feuer. Es gehört uns Göttern und hat auf der Erde nichts verloren." Mit diesen Worten drehte er sich um und ließ Prometheus stehen.

„Aber es ist wichtig!", rief Prometheus dem obersten Gott noch nach. Doch er bekam keine Antwort.

Er dachte nach. Und während er nachdachte, blickte er nach oben in den Himmel, wo helle Strahlen die Wolken erleuchteten. Das war der Sonnengott Helios, der mit seinem glühenden Wagen über den Himmel fuhr. Schnell nahm Prometheus eine lange Fackel. Er hielt sie hoch in die Luft, sodass sie sich am Sonnenwagen entzündete. Mit

der brennenden Fackel lief er zu den Menschen und schenkte ihnen die Glut.

Als Zeus sah, dass unten auf der Erde überall Feuer brannten, an denen sich die Menschen wärmten, wurde er zornig wie noch nie. „Prometheus hat mich betrogen!“, rief er. „Habe ich ihm nicht verboten, den Menschen das Feuer zu bringen? Ich werde dafür sorgen, dass meine Befehle in Zukunft befolgt werden!“

Zunächst bestrafte er die Menschen. Er schickte eine junge Frau namens Pandora auf die Erde. In den Händen trug sie ein verschlossenes Gefäß. Bei den Menschen angekommen, öffnete sie es. Schlimme Dinge entströmten dieser Büchse. Bosheit, Kriege, Schmerzen und Krankheit breiteten sich auf der Erde aus. Damit strafte Zeus die Menschen, weil sie das göttliche Feuer genommen hatten.

Auch Prometheus wurde bestraft, denn er hatte sich ja nicht an den Befehl des obersten Gottes gehalten. Zeus befahl dem Schmied Hephaistos, dicke Ketten anzufertigen und mit ihnen Prometheus an einen Felsen im Kaukasus-Gebirge zu binden.

Lange, lange musste Prometheus so an den Felsen geschmiedet stehen. Er konnte sich nicht setzen und nicht hinlegen. Jeden Tag kam ein Adler und pickte und zwickte ihn, sodass er vor Schmerzen jammerte. Erst nach vielen Jahren konnte der sagenhaft starke Held Herakles die Ketten zerreißen und Prometheus befreien.

Das Urteil des Paris

Lange hatte König Peleus um Thetis geworben, die schöne Tochter des Meeresgottes Nereus. Unzählige Male fragte er sie, ob sie seine Frau werden wollte. Aber immer schüttelte Thetis den Kopf und stieß ihn zurück, wenn er sie umarmen wollte. „Ich bin noch nicht alt genug, um zu heiraten", sagte sie. „Selbst wenn ein König um mich wirbt!" Doch Peleus ließ nicht locker und blieb immer in ihrer Nähe.

Jahre vergingen. Und schließlich gab sie nach. „Ja", sprach sie, „nun will ich an deiner Seite sein und dich zum Ehemann nehmen."

Voller Freude bereiteten sie ein prächtiges Hochzeitsfest vor. Alle wichtigen Götter luden sie ein: den Göttervater Zeus und seine Gemahlin Hera natürlich, auch die kluge Athene und Demeter, die Göttin der Erde. Apollon, der Gott der Dichtkunst und der Musik, war ebenso dabei wie Asklepios, der Gott der Heilkunst. Und noch viele andere, die hoch oben auf dem Berg Olymp, auf der Erde,

im Wasser oder in der Luft wohnten. Nur eine bekam keine Einladung zu dem prunkvollen Fest: Eris, die Göttin des Streits.

Eris wurde wütend, als sie von der Hochzeit hörte. „Alle feiern, nur mich will man nicht dabeihaben!“, rief sie. „Warum denn nur? Ein wenig Streit und Rauferei macht ein Fest doch erst so richtig gemütlich!“

Sie war sehr beleidigt. Ihre Augen wurden vor Wut ganz klein. Ihre Lippen presste sie fest aufeinander. Sie überlegte, wie sie sich rächen könnte. Dann begann sie zu lächeln, ihre Augen funkelten. Sie hatte einen Plan. „Ja, das müsste funktionieren“, sagte sie leise zu sich. „Man wird mich nie wieder so unwürdig behandeln!“ Sofort machte sie sich auf den Weg zur Hochzeitsgesellschaft.

Im großen Festsaal wurde getanzt und gelacht, alles war mit bunten Blumen geschmückt, und tausend Kerzen beleuchteten die fröhlich feiernden Götter. Eris stellte sich an den Eingang des Saales und sah eine Weile dem Treiben heimlich zu. Dann öffnete sie ihre Tasche und nahm einen Apfel heraus. Darauf hatte sie mit großen Buchstaben etwas geschrieben. Sie warf den Apfel mitten zwischen die Tanzenden und verschwand.

Zelos, der Gott des Eifers, fand den schönen roten Apfel. Er war ihm direkt vor die Füße gekullert. „Ich hab etwas gefunden!“, rief er. „Ein saftiger Apfel liegt mir hier zu Füßen. Wollen wir ihn gleich verspeisen?“

„Halt!“, ertönte eine tiefe Stimme. Zeus, der Chef der Götter, hob die Hand. „Seht ihr nicht, dass auf der Frucht etwas geschrieben steht?“

Nun drängten sich alle um Zelos, der den Apfel noch immer in der Hand hielt. „Dort steht tatsächlich etwas“, sagte Apollon und besah sich die Frucht. „Für die Schönste“, las er vor. Die Götter sahen sich ratlos an. Was konnte das bedeuten?

„Das bedeutet zweifellos, dass der Apfel mir gehört“, meinte Hera, die Gattin des Göttervaters. „Schließlich bin ich die schönste Frau, die der Olymp je gesehen hat!“

„Du bist schön, o ja“, sagte die weise Athene. „Aber schaut mich doch an! Bin ich nicht strahlend wie der Morgentau auf den Blüten? Prächtig wie das Abendrot über den Wolken? Mir steht der Apfel zu, ganz sicherlich.“

„Ihr irrt euch beide“, sprach nun Aphrodite. „Ich bin die Göttin der Schönheit und der Liebe. Gebt mir den Apfel. Er gehört mir und keiner sonst.“ Sie streckte ihre Hand nach der Frucht aus und sah ihre beiden Rivalinnen kühl an.

Alle Götter hatten einen Kreis um die streitenden Göttinnen gebildet und hörten sich ratlos an, wie sie sich immer wilder beschimpften. „So geht das nicht!“, rief schließlich Zeus. „Ihr alle seid wunderschön. Aber um zu erfahren, wer wirklich die Allerschönste von euch ist, brauchen wir einen Schiedsrichter! Sonst hört das Streiten ja nie auf!“

Er überlegte. „Paris, der Sohn des Königs von Troja, soll die Wahl treffen. Er soll von den drei Damen die schönste wählen!“

Zeus rief Hermes zu sich, den Boten der Götter. „Bring die drei Göttinnen zu Paris“, befahl er. „Möge er entscheiden, welcher von ihnen der Apfel zusteht!“

Hermes rückte seinen geflügelten Helm auf dem Kopf gerade und verneigte sich demütig vor Zeus. „Ich werde euren Befehl gern ausführen." Dann geleitete er die drei Schönen aus dem Saal und machte sich mit ihnen auf den Weg zu Paris, dem Sohn des Königs der Stadt Troja.

Paris lebte als armer Ziegenhirte in den Bergen, denn bei seiner Geburt war geweissagt worden, er werde später die Stadt Troja in den Untergang führen. Darum war der Königssohn schon als Kind aus seiner Heimatstadt verbannt worden.

Der Weg zu ihm war weit und beschwerlich. Endlich kamen Hermes und seine Begleiterinnen bei ihm an. Paris staunte, als er hörte, was der Göttervater von ihm verlangte. Er blickte den drei schönen Göttinnen einer nach der anderen in die Augen. Dann nickte er. „Gut, ich werde versuchen, ein ehrliches Urteil zu fällen."

Da richtete Hera, die Frau des Zeus, ihr Wort an den jungen Königssohn. „Bedenke", sagte sie, „dass ich die Gemahlin des höchsten Gottes auf dem Olymp bin. Ich habe mehr Macht als alle anderen Göttinnen zusammen. Wenn du mich auswählst, schenke ich dir Reichtum und die Herrschaft über die ganze Welt. Niemand auf der Erde wird mächtiger sein als du!"

„Was ist schon Macht", entgegnete Athene. „Ein Herrscher, der dumm ist, kann die ganze Welt zugrunde richten. Darum schenke ich dir, wenn du mich auserwählst,

die kostbare Gabe der Klugheit. Sie ist mehr wert als Macht und Reichtum!“

Nun ergriff Aphrodite, die Göttin der Liebe, das Wort. „Ich kann dir weder Macht noch Klugheit schenken“, sagte sie. „Aber durch mich kannst du die Liebe der allerschönsten Frau unter den sterblichen Menschen gewinnen.“

Paris überlegte. „Macht verführt zu Streit und Krieg“, sagte er zu Hera. „Ich mag aber keinen Krieg.“

Dann sah er Athene an. „Klugheit ist sehr wichtig im Leben. Aber kann ich nicht auch durch Lernen und Erfahrung Weisheit gewinnen?“

Er wandte sich Aphrodite zu. „Dir, o Göttin der Liebe, gebührt der Apfel. Dein Geschenk gefällt mir am besten. Denn was ist wertvoller als die Liebe?“

Mit diesen Worten überreichte er Aphrodite den Apfel. „Ich danke dir“, sprach Aphrodite. „Dafür verspreche ich dir die Zuneigung der schönsten Frau auf Erden. Ihr Name ist Helena und sie lebt in der Stadt Sparta.“

Schon am nächsten Tag machte Paris sich auf nach Sparta, um Helena kennenzulernen. Kaum sah er sie, entbrannte er in glühender Liebe zu der schönen Frau. Und auch Helena verliebte sich auf der Stelle in den hübschen jungen Mann. Gern wären sie ein Ehepaar geworden. Aber Helena war nicht frei. Sie war mit dem König der griechischen Stadt Sparta verheiratet, sein Name war Menelaos.

Doch Paris ließ sich davon nicht abschrecken. Er nahm Helena bei der Hand und bestieg mit ihr ein Schiff. Über das blaue Meer, an vielen kleinen Inseln vorbei, segelten sie nach Troja. Die Stadt lag dort, wo sich heute die Westküste der Türkei befindet.

Und Menelaos, Helenas Gemahl? Der tobte vor Wut über die Entführung seiner Frau. „Ich werde mich rächen", schrie er. Und mit einem riesigen Soldatenheer stach er in See, um seine Frau aus Troja nach Griechenland zurückzuholen.

Der Kampf um Troja

Voller Wut über den Raub seiner Frau Helena machte sich Menelaos auf den Weg nach Troja. Mit an Bord seines Schiffes war sein Bruder Agamemnon. Er, der König von Mykene, war ein erfahrener Kriegsmann.

Menelaos bat ihn: „Lieber Bruder, es wird nicht einfach sein, Helena aus Troja zu befreien. Darum meine Bitte: Zieh mit den Soldaten in die Stadt und bring Helena zurück zu mir, auch wenn das Kampf und Krieg bedeuten sollte! Räche diese böse Tat!“ Agamemnon nickte. „Ich werde dir helfen.“

Er stellte eine Flotte von Schiffen zusammen, und mit einem riesigen Heer von Soldaten segelte er über das Meer. Vor der Stadt Troja stellten sich die Kämpfer auf. Viele tapfere Männer waren darunter, auch der berühmte Held Odysseus.

In der Sonne glänzten die Rüstungen der Soldaten, man hörte Geschrei und das Wiehern der Pferde. Die Trojaner bemerkten, dass sich vor der Stadt etwas ereignete. Priamos, der König von Troja und Vater des Paris, ließ das Tor

öffnen. Er trat auf die Soldaten zu. „Was wollt ihr? Warum lagert ihr vor meiner Stadt?“

Da ergriff Agamemnon das Wort. „Meinem Bruder Menelaos raubte dein Sohn Paris die Ehefrau. Gebt Helena heraus! Dann habt ihr nichts zu befürchten.“

König Priamos schüttelte den Kopf. „Ich werde euch weder Paris noch die schöne Helena ausliefern. Sie stehen unter dem Schutz von Troja!“ Mit diesen Worten ging Priamos zurück in seine Stadt. Krachend schloss sich das Tor.

Nun begann ein Krieg, der viele Jahre dauern sollte. Einige Götter des Olymp hielten ihre Hand schützend über das griechische Heer: Hera, die Gattin des Zeus, und Athene, die Göttin der Weisheit, versuchten, den griechischen Angreifern zu helfen.

Aber auch die Bürger von Troja hatten mutige und mächtige Helfer. Die Liebesgöttin Aphrodite und Apollon, der Gott des Lichts und der Kunst, standen auf der Seite der Trojaner und nutzen ihre Macht, um die Stadt zu schützen.

Zehn Jahre lang belagerten die Griechen die Stadt. Doch es gelang ihnen nicht, Troja einzunehmen. Die dicken Mauern konnten sie nicht überwinden.

So langsam verloren sie ihren Mut. Sie mochten nicht mehr kämpfen und auch nicht mehr warten. Könnten sie doch endlich in ihre Heimat zurückkehren! Der Held Odysseus sah, wie seine Männer so langsam verzweifelten.

Aber Odysseus war nicht nur stark, er war auch schlau. Und so zog er sich für eine Weile in ein schattiges Olivenwäldchen zurück und überlegte. Schließlich hatte er eine Idee, wie es die Griechen schaffen könnten, die Stadt Troja zu erobern. So schnell ihn seine Füße trugen, lief er zu seinen Gefährten. Er versammelte alle um sich und besprach mit ihnen flüsternd seinen Plan.

Sofort rüsteten sich die Männer mit Beilen und Sägen aus und zogen in den Wald vor der Stadt. Aus weiter Ferne waren die Schläge der Äxte und das Rauschen der Tannen zu hören, wenn sie gefällt zu Boden stürzten. Dann ächzten die Sägen. Etwas später tönten Hammerschläge durch den Wald.

Und nach wenigen Tagen schob sich ein riesiges Pferd aus Holz durchs Gebüsch. Das hatten die Männer aus den gefällten Bäumen gebaut. An Seilen zogen sie es nachts mit aller Kraft bis vor die Tore Trojas. Einer der Kämpfer, er hieß Sinon, öffnete eine Klappe im Bauch des hölzernen Tieres. Es war innen hohl. Und nun kletterten fast hundert tapfere Kämpfer einer nach dem anderen in das Pferd. Die anderen marschierten zum Hafen, bestiegen die Schiffe und segelten aufs Meer hinaus.

Als der Morgen kam, stellte sich Sinon vor das Stadttor. „Wir geben auf", rief er. „Die Belagerung ist vorüber! Wir kehren zurück nach Griechenland!" Das Tor öffnete sich. Der König von Troja, Priamos, kam auf Sinon zu. „Du

lügst!“, rief er drohend. „Nein, nein“, gab Sinon zurück. „Sieh nur, vor den Toren Trojas ist alles ruhig. Meine Kameraden sind bereits auf dem Weg zurück nach Griechenland!“

Priamos war noch immer nicht überzeugt. „Aber warum bist du nicht mitgegangen mit deinen Kameraden?“

„Sie ließen mich hier zurück, um euch die Botschaft zu verkünden“, sagte Sinon. „Vor mir braucht ihr euch nicht zu fürchten. Was könnte ich als einzelner Kämpfer euch schon antun!“

Da erblickte Priamos das riesige Holzpferd. Fragend sah er Sinon an. „Dieses Pferd“, sagte Sinon, „haben wir Griechen als Geschenk für unsere Schutzgöttin Athene gebaut. Zieht es in eure Stadt, dann wird auch Troja unter dem Schutz der Göttin stehen! Solltet ihr es aber zerstören, so wird euch das Unglück bringen!“

Priamos rief seine Soldaten zusammen. „Bringt das hölzerne Pferd in die Stadt und stellt es vor dem Tempel der Athene auf! Dadurch wird uns die Göttin Schutz und Hilfe gewähren.“ Die Trojaner folgten dem Befehl ihres Königs.

Als es Nacht wurde und die Bürger von Troja in tiefem Schlaf lagen, öffnete sich die Klappe im hölzernen Pferd. Die Krieger sprangen leise heraus. Dann öffneten sie von innen die Tore. Ihre Kameraden waren inzwischen mit ihren Schiffen zur Küste zurückgesegelt und in die Stadt

geschlichen. Nun huschten sie einer nach dem anderen durch die geöffneten Tore.

Viel zu spät merkten die Trojaner, dass sie von Feinden umgeben waren. Gegen die vielen Soldaten waren sie machtlos. So gewannen die Griechen durch eine List den Krieg gegen die Trojaner.

Helena aber kehrte nach Sparta zurück und lebte noch viele Jahre an der Seite ihres Mannes Menelaos.

Odysseus bei der Hexe Kirke

Zehn Jahre hatte der Krieg um die Stadt Troja gedauert. Nun bekam der Held Odysseus großes Heimweh. Wie gern wäre er auf die Insel Ithaka zurückgekehrt, wo seine Frau Penelope und sein Sohn Telemachos in einem Palast auf ihn warteten! Denn Odysseus war nicht nur ein kluger Held, sondern auch der König von Ithaka.

Mit zwölf Schiffen stachen er und seine Freunde in See. Sie ahnten nicht, dass es viele Jahre dauern sollte, bis sie ihre Heimat wiedersahen.

Es wurde eine abenteuerliche Reise. Odysseus und seine Gefährten begegneten gefährlichen Riesen, die auf der italienischen Insel Sizilien lebten und Kyklopen hießen. Sie

trafen auf ein wildes Ungeheuer namens Charybdis und landeten auf der Insel des Windgottes Aiolos.

Nur mit Glück und Klugheit konnten sie diese und noch viele andere Abenteuer bestehen. Elf von ihren zwölf Schiffen wurden auf der weiten Reise zerstört, nur ein einziges blieb ihnen.

Damit erreichten sie eines Tages die Insel Aiaia an der Westküste Italiens. Müde und erschöpft gingen die Männer von Bord und setzten sich am Strand in den Schatten einiger Olivenbäume. Die Sonne brannte heiß vom Himmel, vor ihnen rauschte das Meer und schickte seine Wellen brausend an den Strand.

Ihr Anführer Odysseus hätte sich am liebsten auch ein wenig ausgeruht, aber er war neugierig, wie die Insel aussah, auf der sie gelandet waren. „Ich werde die Gegend erkunden“, sagte er zu seinen Gefährten. „Bald komme ich zurück!“

Im Innern der Insel gab es große Waldflächen. Odysseus schritt im kühlen Schatten der Bäume mutig voran. Ob die Insel wohl bewohnt war? Er stieg auf einen kleinen Hügel, von dem aus er einen guten Überblick hatte. Da sah er in der Ferne Rauch. Es mussten also hier Menschen leben!

Odysseus kehrte zum Strand zurück, wo seine Männer auf ihn warteten. „Ich sah Rauch von einer Waldlichtung aufsteigen“, berichtete er. „Wir müssen erfahren, wer hier lebt.“ Er schickte einige seiner Gefährten los, um nachzu-

sehen, woher der Rauch kam. Die Männer machten sich auf den Weg.

Sie erreichten die Stelle, die Odysseus ihnen beschrieben hatte. Der Rauch kam aus einem großen, prächtigen Haus. Daneben befanden sich einige Ställe.

Als die Männer sich dem Gebäude näherten, erschraken sie. Ein Löwe und zwei Wölfe kamen auf sie zu. Doch sie machten einen freundlichen Eindruck, sie schienen zahm

zu sein. Einer der Männer klopfte an die Tür des Hauses. Als sie sich öffnete, stand eine sehr schöne Frau vor ihnen.

„Tretet ein“, sprach sie mit lieblicher Stimme. „Ich bin Kirke, die Tochter des Sonnengottes Helios. Seid mir willkommen. Bei mir könnt ihr euch von den Strapazen eurer Reise erholen. Ich werde euch gern bewirten!“

Die Männer betraten das Haus. Nur einer von ihnen war misstrauisch und folgte der Einladung nicht.

Die anderen aber setzten sich an einen großen Tisch, auf dem die köstlichsten Speisen standen. Wie hungrig sie waren! Voller Freude ließen sie sich das Essen schmecken. „Ein wunderbares Mahl!“, rief einer von ihnen. Ein anderer wollte gerade rufen: „Ja, es schmeckt köstlich!“, aber aus seinem Mund kamen keine Worte. Nur ein Grunzen war zu hören. Die anderen sahen sich erschrocken an. Und bald merkten sie, dass keiner von ihnen mehr wie ein Mensch sprechen konnte. Nur grobe Laute gaben die Männer von sich.

Und auch ihr Aussehen veränderte sich. Ihre Augen wurden kleiner, ihre Ohren dagegen wuchsen, aus ihren Händen wurden Pfoten. Sie waren in Schweine verwandelt worden! Das hatte Kirke getan, denn sie war eine Zauberin.

Sie erhob sich vom Tisch, trieb ihre grunzenden Gäste nach draußen und sperrte sie in einen der Ställe. Nun merkten die Männer, dass alle Tiere, die hier lebten, auch die Wölfe und Löwen, verzauberte Menschen waren.

Ihr Gefährte, der von außen durchs Fenster alles angesehen hatte, lief schnell zum Strand zurück, wo Odysseus mit seinen Freunden auf die Rückkehr der Männer wartete. „Es ist etwas Schreckliches passiert!“, rief er ihm schon von Weitem zu. Und er berichtete, was im Haus der Kirke geschehen war.

Odysseus sprang auf, griff sich sein Schwert und machte sich auf den Weg, um seine Freunde zu befreien. Mit flinken Schritten durchquerte er den Wald, als er plötzlich eine Stimme hörte: „Odysseus, wohin willst du denn so eilig?“ Es war Hermes, der Götterbote.

Odysseus berichtete ihm, was seinen Freunden widerfahren war. „Ich werde sie befreien!“, rief er. Ich werde die Hexe bezwingen!“

„Das ist nicht so einfach“, meinte Hermes. „Gegen Kirkes Zauberkraft kann auch dein Schwert nichts ausrichten.“

Er öffnete seine Tasche und nahm ein getrocknetes Kraut heraus. „Dieses Kraut aber wird dich vor dem Zauber schützen. Iss etwas davon, dann wird dir nichts geschehen.“

Odysseus bedankte sich und steckte einige Blättchen des Krauts in den Mund.

„Und noch etwas möchte ich dir raten“, fuhr Hermes fort. „Tu der Hexe nichts, aber bedrohe sie mit deinem Schwert! Dann wird sie Angst bekommen und ihre Zauberkräfte nicht mehr gegen euch einsetzen.“

Bald war Odysseus beim Haus der Kirke angekommen. Sie wartete schon auf ihn. „Schön, dass auch du den Weg zu mir gefunden hast, König Odysseus! Tritt ein! Ein leckeres Mahl steht schon bereit für dich!“

Odysseus setzte sich an den gedeckten Tisch und nahm einige Bissen. In diesem Moment sprang Kirke auf und packte ihn am Arm. „Nun raus mit dir in den Stall! Deine Gefährten warten dort schon auf dich!“ Sie hatte keinen Zweifel daran, dass sich ihr Gast in der nächsten Minute ebenfalls in ein Schwein verwandeln würde.

Doch nichts geschah. Durch das Kraut konnte der Zauber Odysseus nichts anhaben. Der Held griff nach seinem Schwert und richtete es auf die Hexe: „Du wirst es büßen, wenn du meine Gefährten nicht wieder zu Menschen machst. Und die anderen Tiere im Stall am besten auch!“

Kirke bekam einen riesigen Schreck. Noch niemals hatte ein Mensch ihrer Zauberkraft widerstanden. „Verschone mich bitte“, rief sie. „Ich werde euch nichts mehr antun!“ „Schwörst du es?“, fragte Odysseus. „Ich schwöre!“, rief die Hexe.

Dann berührte sie alle gefangenen Tiere mit einem Zauberstab, und im Nu waren aus ihnen wieder Menschen geworden. „Ihr seid frei!“, sagte Kirke. „Kehrt zurück in eure Heimat!“ Zu Odysseus aber sprach sie: „Ich würde mich freuen, wenn du mit deinen Freunden eine Weile bei mir

bleibst. Hier ist es doch ein wenig einsam, und ich könnte Gesellschaft gut gebrauchen."

„Und du zauberst auch bestimmt nicht mehr?", fragte Odysseus. „Ganz bestimmt nicht!", versprach die Hexe.

So blieben Odysseus und seine Gefährten fast ein ganzes Jahr lang auf Kirkes schöner Insel. Dann beschlossen sie, ihre Fahrt übers Meer fortzusetzen. Schließlich wollten sie doch irgendwann ihre Heimat wiedersehen!

„Leb wohl, Kirke", sagte Odysseus. „Hab Dank für deine Gastfreundschaft!" Auch die anderen Männer bedankten sich und bestiegen das Segelschiff.

„Einen Rat möchte ich euch noch mitgeben auf die Reise", sagte Kirke. „Auf eurer Heimfahrt werdet ihr zu einer Insel kommen, auf der ein wunderschöner Gesang zu hören ist. Achtet nicht darauf! Sonst wird es euch schlecht ergehen!" Und sie gab Odysseus noch einen Rat, wie er sich vor der gefährlichen Musik schützen konnte. Dann legte das Schiff ab.

Kirke winkte ihnen lange nach. Und bald waren die Segel nur noch als kleine Punkte auf dem Ozean zu sehen.

Die Insel der Sirenen

Der Abschied von der Hexe Kirke war den Männern nicht leichtgefallen. Denn so böse sie bei ihrer Ankunft auf der Insel doch gewesen war, so lieb und freundlich behandelte sie später ihre Gäste. Und zum Schluss hatte sie Odysseus ja sogar noch einen Rat gegeben, wie er das nächste Abenteuer mit heiler Haut überstehen konnte.

Es war ein schöner Tag, das große Segelschiff zog kräftig durch die spritzende Gischt. Munter strich der Wind über die salzigen Wellen, oben am blauen Himmel begleiteten sie ein paar strahlend weiße Wolken. „Wie lange werden wir wohl noch brauchen, bis wir wieder in der Heimat sind?“, fragten sich die Männer. „So schön es auf Kirkes Insel auch war, nun wollen wir doch endlich nach Haus!“

Als die Freunde sich so unterhielten, ertönte in weiter Ferne plötzlich eine Melodie. Sie schien von einer Insel zu kommen, die die Gefährten vor sich ganz klein im Ozean liegen sahen. Sie kniffen die Augen zusammen, doch die Insel war noch zu weit entfernt, um etwas erkennen zu

können. Je näher sie kamen, desto lauter wurde die Musik. Jemand sang!

Odysseus sprang auf und stürmte in den Laderaum des Schiffes. Hier suchte er ungeduldig mit zitternden Händen einige Kerzen aus Bienenwachs zusammen. Auch ein Seil fand er.

„Schnell“, rief er seinen Freunden zu, „nehmt das Seil und bindet mich ganz fest an den großen Mastbaum!“ Die

Freunde taten es. „Und befreit mich nicht, auch wenn ich euch darum bitte!“ Die Männer versprachen es.

„Nun formt kleine Kugeln aus dem Wachs und verklebt euch damit eure Ohren!“, fuhr er fort. „Beeilt euch!“

Die Männer sahen sich fragend an. Aber sie wussten, dass Odysseus ein kluger Mann war und vertrauten darauf, dass er ihnen den richtigen Rat gab.

So schabten sie das weiche Wachs von den Kerzen und stopften es sich in ihre Ohren. Nun konnten sie nichts mehr hören, nicht den Wind und nicht das Rauschen des Meeres. Und auch nicht den Gesang, der immer lauter wurde, je näher sie der Insel kamen.

Nur Odysseus hörte die Musik. Wundersame Klänge drangen über das Meer an sein Ohr. Sie schienen direkt von den Göttern zu kommen, so schön und lieblich waren sie. Noch nie hatte er so etwas gehört. Tränen traten in seine Augen.

Und nun sah er auch, woher der Gesang kam. Auf den Klippen der Insel saßen drei wunderliche Wesen. Ihr Körper war der eines Vogels, darauf saß der Kopf einer Frau. Sie sahen zu dem Schiff herüber, das sich der Insel näherte. Und je näher es kam, desto betörender wurde ihr Gesang.

„Bindet mich los!“, schrie Odysseus seinen Gefährten zu. „Ich muss auf diese Insel! Sonst sterbe ich!“ Die Gefährten hörten seine Worte nicht. Aber sie sahen, dass er wütend an

seinen Fesseln riss und sich befreien wollte. Doch sie hielten ihr Versprechen und ließen ihn angebunden.

Erst als das Schiff weit von der Insel entfernt war, banden sie ihren Anführer los und nahmen sich das Wachs aus den Ohren.

Odysseus sah einen nach dem anderen nachdenklich an. „Danke, dass ihr meiner Anweisung gefolgt seid!“, sagte er. „Die Vogel-Frauen, die dort auf der Insel leben, nennt man die Sirenen. Es sind Zauberwesen, die nichts Gutes im Schilde führen. Schon viele Seeleute mussten ihr Leben lassen, als sie auf der Insel landeten. Denn niemand kann ihrem Gesang widerstehen.“

„Woher weißt du das alles?“, fragten die Gefährten. „Das erzählte mir die Zauberin Kirke“, gab Odysseus zurück. „Ihr Rat hat uns das Leben gerettet.“

Odysseus kehrt in seine Heimat zurück

Nach zehn Jahren auf hoher See und vielen Abenteuern kehrte Odysseus endlich nach Ithaka zurück. In tiefem Schlaf lag er, als sein Schiff auf der Insel landete. Nach einer Weile erwachte er. Doch er wusste nicht, wo er sich befand. Die Insel war in dichten Nebel gehüllt. Sollte hier ein neues Abenteuer auf ihn warten?

Er ging am Strand entlang, als aus dem Nebel ein Hirtenjunge auftauchte. Er sprach ihn an: „Willkommen auf deiner Insel, König Odysseus! Lange warst du fort!“ „Meine Insel?“, fragte Odysseus. „Wo bin ich denn gelandet?“ „In deiner Heimat“, sprach der Junge. „Deine Füße stehen auf dem Boden von Ithaka!“

Wie Odysseus sich freute! So lange Zeit war er fort gewesen und nun endlich heimgekehrt.

Er sah den Hirtenjungen forschend an. „Aber sag mir, Junge, woher weißt du denn, wer ich bin und woher ich

stamme?“ Der Junge lächelte. „Du kennst mich so gut wie ich dich kenne, Odysseus. Ich bin kein Hirte und auch kein Junge. Ich bin Athene, die Göttin der Weisheit. Oft habe ich dich begleitet und beschützt! Manchmal gehe ich eben in menschlicher Gestalt auf der Erde herum.“

Odysseus wurde ganz aufgeregt. „Bitte sage mir, weise Athene, wie es Penelope geht, meiner lieben Frau, und meinem Sohn Telemachos! Er muss ja jetzt ein erwachsener Mann sein! Meine Sehnsucht nach den beiden ist unendlich groß.“

„Ich habe keine guten Nachrichten für dich, Odysseus“, antwortete Athene. „Viele mächtige Männer versuchen, dir den Thron wegzunehmen und selbst König von Ithaka zu werden. Lange schon werben sie um die Hand deiner Frau Penelope. Du warst so lange fort, dass niemand mehr an deine Rückkehr glaubte!“

„Und Penelope? Will sie wirklich einen anderen zum Mann nehmen?“, rief Odysseus verzweifelt.

„Deine Frau versucht, Zeit zu gewinnen“, erwiderte die Göttin. „Sie sagte den Bewerbern, sie könne sich noch nicht für einen neuen Ehemann entscheiden. Erst wenn sie ein Hemd für deinen Vater Laertes, den früheren König dieser Insel, fertig genäht habe, werde sie ihre Wahl treffen. Und damit die Arbeit recht lange dauert, trennt sie nachts alles wieder auf, was sie tagsüber genäht hat.“

„Was sind das für Männer, die mich vom Thron stürzen wollen?“, fragte Odysseus.

„Gemeine Schurken sind es“, entgegnete die Göttin. „Sie nehmen sich alles, was du besitzt, und verschwenden es.“

„Ich muss sofort in meinem Palast für Ordnung sorgen!“, rief Odysseus wütend. „Diese Männer sollen bestraft werden!“

„Sei nicht voreilig“, riet die Göttin. „Du begibst dich sonst in Gefahr. Niemand darf dich dort erkennen.“ Sie berührte ihn leicht mit ihrer Hand, und im nächsten Moment war der starke Held in einen alten, zerlumpten Bettler verwandelt.

In dieser Verkleidung machte er sich auf den Weg zu seinem Palast. Dort wurde gerade ein rauschendes Fest gefeiert. Niemand achtete auf den armen Bettler, der langsam und gebückt durch die Räume humpelte. Nur Argos, sein treuer Hund, erkannte ihn und sprang freudig auf ihn zu. Nach so vielen Jahren hatte er sein Herrchen nicht vergessen.

Odysseus hielt den Männern seine Hand entgegen, so wie es Bettler tun. Aber niemand gab ihm etwas. Man lachte über ihn, und einer von ihnen warf sogar mit einem Stuhl nach ihm, der ihn an der Schulter traf. Odysseus zeigte es nicht, aber innerlich wurde er immer wütender.

Da öffnete sich die Tür und seine Frau Penelope trat ein. In der Hand hielt sie einen Bogen und einen Köcher mit Pfeilen.

„Mir ist im Schlaf die Göttin Athene erschienen“, sagte sie. „Sie gab mir diesen Bogen und riet mir, damit einen Wettkampf zu veranstalten. Wer von euch es schafft, einen Pfeil durch die Löcher von zwölf Axtklingen zu schießen, wird mein Ehemann!“

Einer nach dem anderen nahm den Bogen und versuchte, den Pfeil durch die Löcher zu schießen. Doch nieman-

dem gelang es. Da erhob der Bettler seine Stimme. „Gebt mir den Bogen“, sagte er. „Auch ich will es versuchen!“

Die anderen lachten. „Ein so alter, ungeschickter Mann will mit dem Bogen besser umgehen als wir?“, riefen sie. Doch Odysseus achtete nicht auf sie. Er nahm den Bogen, spannte die Sehne und schoss den Pfeil durch alle zwölf Löcher, als sei es das Einfachste der Welt.

Dann warf er seine Bettlerlumpen ab, und im nächsten Moment stand der Held in seiner wahren Gestalt im Saal. „Verschwindet!“, rief er den Männern zu, die ihn sprachlos und staunend ansahen. „Odysseus, euer König, ist zurückgekehrt. Raus aus meinem Palast, ihr Betrüger und Schmarotzer!“ Er ergriff sein Schwert und jagte sie alle zur Tür hinaus.

Seine Frau Penelope weinte vor Freude, dass ihr Mann endlich zu ihr zurückgefunden hatte. Sie ließ Telemachos rufen, den Sohn, der ein großer, kräftiger Mann geworden war. Alle umarmten sich mit Tränen in den Augen.

„Wie ist es dir ergangen, Vater?“, fragte Telemachos. Und Odysseus erzählte die ganze Nacht von seinen Abenteuern in Troja und auf seinen Irrfahrten, bis das Tageslicht durch die Fenster des Palastes fiel.

Wie Pan die Hirtenflöte erfand

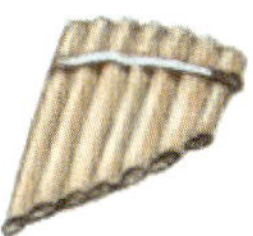

In den Bergen auf der Halbinsel Peloponnes lebte eine Nymphe namens Syrinx. Sie war so wunderschön, dass alle Götter des Waldes von ihr bezaubert waren. Kaum wagte sie sich aus ihrem Versteck zwischen den Bäumen. Denn im Nu war ein verliebter Gott zur Stelle, der ihr sagte, wie schön sie doch sei, dass er sie gern begleiten und am besten gleich heiraten wolle.

Syrinx ging das sehr auf die Nerven. Sie liebte den Wald und die Natur, aber einen Mann? Nein, den brauchte sie nicht. Immer wieder gelang es ihr, die aufdringlichen Bewerber abzuschütteln.

Eines Tages kam der Gott Pan durch die Gegend, in der Syrinx lebte. Pan war der Gott des Waldes, der Hirten und der Natur. Er war ein lustiger Geselle, hatte Freude an Musik und Tanz und feierte für sein Leben gern. Doch so mancher fürchtete sich vor ihm, denn er sah sehr unge-

wöhnlich aus. Auf seinem Kopf wuchsen zwei gebogene Hörner. Und sein Unterkörper war der eines haarigen Ziegenbocks.

Dieser Pan also wanderte durch die Berge des Peloponnes, als er die Nymphe Syrinx traf, die gerade an einer Quelle trank. Pan sah sie und war sofort sehr in sie verliebt. Seine Augen glühten, als er auf sie zukam.

„Wie ist dein Name, meine Liebe?“, fragte er sie. Syrinx sah ihn kurz an und sagte leise: „Ich heiße Syrinx. Bitte lass mich allein!“

„Es ist nicht gut, allein zu sein“, rief Pan. „Ich wäre gern an deiner Seite. Jeden Tag und bis ans Ende unseres Lebens!“

Syrinx schüttelte den Kopf. „Nein, ich brauche keine Begleitung und auch keinen Ehemann!“ Doch Pan hörte nicht auf sie. Mit seinen Ziegenbeinen trabte er auf sie zu, seine Hände versuchten sie zu fassen.

„O nein!“, rief Syrinx und sprang auf. Mit leichten Schritten lief sie davon, über hohe Berge und durch tiefe Täler. Pan verfolgte sie. Immer wieder rief er: „Bleib stehen, schöne Syrinx!“ Doch sie war schneller als der Ziegenmann.

Endlich kam sie zu dem Fluss Ladon. Pan war ihr dicht auf den Fersen. Syrinx fiel auf die Knie und betete zu Artemis, der Göttin des Waldes und der Frauen. „Hilf mir, Artemis!“, rief sie. „Gib mir eine andere Gestalt, damit ich endlich frei bin und diesen grässlichen Gott los werde!“ Artemis erhörte ihre Bitte. Sie verwandelte Syrinx in eine Schilf-Pflanze, die sich sanft im Wind wiegte.

Pan kam langsam näher. Statt der schönen jungen Frau standen nun biegsame grüne Halme am Ufer des Flusses. Pan seufzte. Sein Seufzen strich durch das Schilf, und ein langer, klagender Laut war zu hören.

Der Gott nahm ein Messer und schnitt von dem Schilf einige unterschiedlich lange Stücke ab. Die klebte er mit

Wachs zusammen. Dann blies er hinein. Wunderschöne Töne kamen aus den Schilfrohren, die zu einer Flöte geworden waren.

Der Gott Pan trug von nun an die Flöte immer bei sich. Er nannte sie Syrinx, nach der jungen Nymphe, die er so liebte.

Der starke Herakles

Zeus, der Göttervater, hatte viele Töchter und Söhne. Einer von ihnen hieß Herakles. Schon als Baby zeigte sich, dass er sehr stark und kräftig war. Eines Tages schlängelten sich zwei Schlangen in sein Bettchen und wollten den kleinen Jungen beißen. Herakles schnappte sie sich, eine mit jeder Hand, und drückte zu, bis ihnen die Lust am Beißen verging. In hohem Bogen warf er sie aus der Wiege.

Als er größer geworden war, lehrte ihn sein Pflegevater Amphitryon das Bogenschießen, das Fechten und das Lenken des Streitwagens, und auch in Musik und Gesang bekam er Unterricht. Doch er war kein braver, geduldiger Junge. Von einem Augenblick auf den anderen konnte er in Wut geraten.

Kein Wunder, dass alle Angst vor ihm hatten und sich kaum in seine Nähe wagten. Selbst Amphitryon fürchtete sich vor ihm. „Sieh mal, Herakles“, sprach er eines Tages zu ihm. „Ich habe dich wirklich lieb und du bist wie mein eigener Sohn. Aber du musst zugeben, dass es nicht leicht ist mit dir!“ „Warum denn nicht“, fragte Herakles verwundert.

Amphitryon legte seine Hand auf Herakles' Schulter. „Ständig suchst du Streit. Und manchmal vergisst du, wie stark du bist! Weißt du noch, wie du deinem Musiklehrer die Lyra auf den Kopf geschlagen hast? Er sagte dir nur, du müsstest mehr üben!“ Herakles nickte und sah ziemlich zerknirscht aus.

„Darum“, fuhr sein Pflegevater fort, „sollst du in den nächsten Jahren in der Natur leben, fern von der Stadt. Vielleicht lernst du hier, freundlicher und geduldiger zu werden!“

„Na gut!“, sagte Herakles. Er war gern in der Natur. „Und wo soll ich hingehen?“

„Im Gebirge gibt es eine Gruppe von Hirten mit ihren Herden. Ich habe schon mit ihnen gesprochen. Sie werden dich in ihrer Mitte aufnehmen. Bei ihnen bleibst du, bis du ein Mann geworden bist.“

Herakles hatte nichts dagegen. Er packte seine Sachen und lebte von nun an bei den Hirten.

Als er erwachsen geworden war, hörte er eines Tages die Stimme von Hera, der Gattin des Zeus. „Herakles“, sprach

sie. „Du bist kein gewöhnlicher junger Mann. Du bist so stark wie niemand sonst und könntest ein großer Held werden. Willst du das versuchen?“

„Das will ich“, sagte Herakles.

„Dann geh zu Eurystheus, dem König von Mykene. Er wird dir einige Aufgaben stellen, die du erfüllen musst. Ge-

lingt es dir, wirst du unsterblich sein und zu uns gehören, den Göttern des Olymp."

Insgeheim aber hoffte Hera, dass die Aufgaben so schwierig sein würden, dass selbst Herakles sie nicht lösen könnte. Denn sie konnte ihn nicht leiden.

Herakles verabschiedete sich von den Hirten und machte sich auf den Weg in die Stadt Mykene, die auf einem Hügel im Süden von Griechenland lag. König Eurystheus empfing ihn freundlich. „Die Aufgaben, die ich dir nun stellen werde, sind sehr verzwickt, Herakles!"

„Nur zu", gab der junge Mann zurück. „Ich habe vor nichts und niemandem Angst!"

Der Kuhstall des Augias

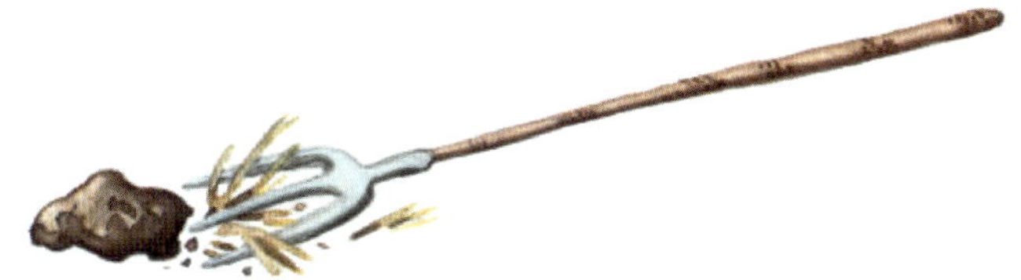

„Eine der Aufgaben, die ich dir stelle“, sagte Eurystheus, „scheint gar nicht so schwer. Aber du wirst merken, dass sie kaum zu lösen ist!“

„Für mich gibt es keine Aufgabe, die ich nicht erfüllen könnte“, meinte Herakles. „Erzähl mir, was ich tun soll!“

„Auf der Halbinsel Peloponnes gibt es eine Stadt namens Elis“, erklärte Eurystheus. „Der König dort heißt Augias.“

„Ich habe von ihm gehört“, meinte Herakles. „Man sagt, er sei Besitzer zahlreicher Rinderherden. Er muss ein reicher Mann sein!“

„Da hast du recht“, erwiderte Eurystheus. „Mehr als dreitausend Kühe besitzt er. Und mit ihnen hängt auch deine Aufgabe zusammen.“ „So?“, fragte Herakles verwundert. „Was soll ich denn tun? Die Kühe mit meinen starken Armen forttragen?“

„Für diese Aufgabe braucht man nicht unbedingt Kraft, sondern vielleicht auch Grips“, sagte Eurystheus mit ei-

nem Lächeln. „Sie lautet so: Mach den Kuhstall sauber. Seit vielen, vielen Jahren hat das niemand getan. Der Mist liegt so hoch, dass niemand hindurchkommt. Es stinkt gewaltig, und bisher hat sich niemand gefunden, der diese Arbeit übernehmen wollte. König Augias selbst schon gar nicht. Bist du, Herakles, dazu bereit?“

Herakles verzog das Gesicht. Einen Stall ausmisten! Das war doch keine Aufgabe für einen Helden wie ihn! Aber wollte er die Unsterblichkeit gewinnen und ein Gott werden, so musste er alle Aufgaben erfüllen. Auch wenn sie noch so unwürdig waren.

„Also gut“, meinte er. „Ich werde mich gleich auf den Weg zu König Augias machen.“

„Einen Moment noch!“, rief Eurystheus. „Die Arbeit musst du innerhalb eines Tages vollbringen! Sonst hast du die Aufgabe nicht gelöst.“ „Ich werde es versuchen“, sagte Herakles.

Wenig später stand Herakles vor Augias.

„Niemand wollte bisher meine Rinderställe ausmisten“, sprach der König. „Da ist es doch gut, dass ein Held wie du mir helfen möchte!“ Wieder verzog Herakles das Gesicht, denn er dachte daran, wie er mit der Mistgabel im Jahrzehnte alten Dreck herumstochern sollte. „Deine Arbeit soll auch nicht ohne Belohnung bleiben“, sagte Augias. „Du bekommst dreihundert Rinder dafür. Das ist doch ein guter Lohn, findest du nicht?“ Herakles nickte. Dann verbeugte er sich und verließ den Palast.

Natürlich war sich König Augias sicher, dass niemand, auch nicht Herakles, diese Arbeit verrichten könnte. Sonst hätte er ihm niemals diesen großzügigen Lohn versprochen.

Schon von Weitem merkte Herakles, wo sich der Stall befand. Denn ein schrecklicher Geruch zog in seine Nase. Bald stand er vor dem großen Tor, hinter dem die Kühe muhten und im schmutzigen Stroh stampften.

Nur mit Mühe konnte der Held das Tor öffnen, so hoch lag der Schmutz. Herakles sah sich um. Der Stall war riesig. Wie sollte er ihn nur sauber bekommen? Und das sogar an einem einzigen Tag! Selbst mit seiner unmenschlichen Kraft schien es unmöglich. Diese Aufgabe schien auch ein Held wie er nicht erledigen zu können.

Da erinnerte er sich an die Worte des Eurystheus. Für diese Aufgabe braucht man vielleicht auch Grips, hatte er gesagt.

Herakles stand einen Moment ganz still und dachte nach. Da hörte er ganz in der Nähe ein Plätschern. Er ging nach draußen und sah sich um. Ein kleiner Fluss sprudelte an dem Stall vorbei. Nun wusste der Held, wie er die Aufgabe lösen konnte.

Er schnappte sich eine große Hacke und schlug damit die vordere und die hintere Stallwand entzwei. Kaum war er damit fertig, sprudelte das Wasser hinein und trug den ganzen Schmutz nach draußen. Und im Nu war der Stall sauber. Herakles hatte die Aufgabe bewältigt.

„Ich habe es geschafft", berichtete er dem König. „Gib mir nun meinen Lohn, die dreihundert Rinder!"

Doch Augias dachte gar nicht daran, sein Versprechen einzulösen. Denn er war geizig und wollte von seinem Reichtum nicht so gern etwas abgeben. So musste Herakles die Stadt ohne die versprochenen Rinder verlassen. Und doch war er froh. Seinem Wunsch, später ein Gott zu sein und auf dem Olymp zu wohnen, war er doch ein Stück nähergekommen.

Die goldenen Äpfel der Hesperiden

In einem herrlichen Garten, in dem die schönsten Blumen blühten, wuchs ein Baum, der goldene Äpfel trug. Wer von ihnen aß, der gewann das ewige Leben. Die Göttin der Erde, Gäa, hatte diesen Baum einst gepflanzt als Hochzeitsgeschenk für Zeus und seine Gemahlin Hera. Hier wartete die nächste Aufgabe auf den Helden Herakles. Eurystheus erklärte sie ihm.

„Reise zum Ende der Welt, bis du jenseits des großen Meeres zu einem Garten kommst“, sprach er zu Herakles. „Bring mir drei der goldenen Äpfel, die dort wachsen!“

„Lebt jemand in diesem Garten?“, fragte Herakles. „Vier Frauen wirst du dort antreffen“, erklärte Eurystheus. „Man nennt sie die Hesperiden. Sie sind die Töchter des Abendsterns und pflegen den Baum.“

Es kann doch nicht so schwierig sein, drei Äpfel zu pflücken, dachte Herakles. Aber Eurystheus fuhr fort: „Bisher

ist es niemandem gelungen, auch nur einen der Äpfel zu stehlen. Denn sie werden von Ladon bewacht, einem grässlichen Drachen mit hundert Köpfen. Er sorgt dafür, dass niemand den Garten betreten kann."

Dann schob er Herakles zur Tür hinaus. „Vielleicht gelingt es dir, die Aufgabe zu bewältigen. Ich wünsche dir Glück!"

Herakles machte sich auf den Weg, ohne zu wissen, wo er den Garten der Hesperiden finden könnte. Er wanderte über Berge und durch Täler, bis er an den Rand des Ozeans kam. Als er ans Ufer trat, begann das Wasser plötzlich zu brodeln und zu sprudeln, und Nereus, der uralte Gott des Meeres, streckte seinen Kopf aus den Wellen.

„Wohin willst du, Herakles?", fragte er. „Bist du den weiten Weg von Mykene bis hierher gegangen?"

„Das bin ich", entgegnete Herakles. „Mein Ziel ist der Garten der Hesperiden. Kannst du mir die Richtung weisen?"

Nereus dachte eine Weile nach. Dann spuckte er eine gewaltige Fontäne und sagte: „Diesen Garten kenne ich wohl. Er liegt in weiter Ferne, im Süden der Welt. Dort gibt es ein hohes Gebirge. Hier findest du den Garten!" Herakles bedankte sich und Nereus verschwand in einer turmhohen Welle.

Einen weiten Weg hatte der Held vor sich, doch mutig marschierte er los. Sein Weg führte ihn durch die Länder Libyen und Ägypten, bis er schließlich zu einem Gebirge kam.

Schon von Weitem sah er einen Riesen, der auf seinen mächtigen Schultern den Himmel trug. Das war der Gott Atlas. Tag und Nacht stand er hier und brauchte all seine Kraft, damit das Firmament nicht zur Erde fiel. Herakles wusste: Ganz hier in der Nähe musste der Garten der Hesperiden sein.

Er legte seine Hände an den Mund und rief zu dem Riesen empor: „He, Atlas! Kannst du mir sagen, wie ich in den Garten der Hesperiden komme, ohne dass der Drache mich zerreißt?" Grollend tönte die Stimme des riesigen Gottes aus den Wolken: „Das ist bisher niemandem gelungen. Und auch du, Herakles, wirst es nicht schaffen. Denn der Drache liegt wachsam auf der Lauer."

„Da habe ich aber wirklich ein Problem", meinte Herakles. „Denn ich muss drei goldene Äpfel aus dem Garten holen und sie nach Mykene bringen. Kannst du mir dabei helfen?"

„Das würde ich ja gern tun", meinte der Riese Atlas. „Aber wie du siehst, kann ich meinen Platz nicht verlassen. Ich muss das Himmelsgewölbe halten. Sonst würde es herabstürzen und die Erde vernichten."

Einen Moment dachte Herakles nach. Dann rief er dem Riesen zu: „Ich bin nicht gerade schwach, Atlas. Ich könnte dir den Himmel abnehmen und ihn tragen, so lange du dich um die goldenen Äpfel kümmerst. Einverstanden?"

Der Riese nickte, hob das Firmament von seinen Schultern und legte es auf Herakles' Kopf. Schwankend und mit zitternden Knien stemmte der Held den Himmel über sich empor. Atlas stapfte davon.

Wenig später kam der Riese zurück. In seiner Hand trug er drei Äpfel, die in der Sonne blitzten und glänzten. „Wie hast du das geschafft?", fragte Herakles verwundert. „Wie hast du den grausigen Drachen überwältigt?"

„Ein wenig Schlafpulver wirkt auch bei Drachen Wunder“, antwortete Atlas. „Das Ungeheuer liegt noch immer in tiefem Schlummer!“

Wie frei und leicht fühlte sich der Riese ohne die Last auf seinen Schultern! Wie schön es doch war, seinen Platz verlassen zu können und umhergehen zu können!

Er legte die drei Äpfel Herakles zu Füßen. „Ich habe lange genug den Himmel getragen“, sagte er. „Nun kannst du das für mich tun. Du bist dafür stark genug! Leb wohl!“ Mit diesen Worten wollte er fortgehen.

Herakles aber hatte wenig Lust, hier im Gebirge, fern von seiner Heimat, das Himmelsgewölbe zu tragen. Und so sagte er zu Atlas: „Erlaube, dass ich mir die Arbeit etwas gemütlicher mache! Halte den Himmel noch für einen kurzen Moment, dann will ich mir einige Stricke um den Kopf binden. Sonst platzt mir noch der Schädel von dem Gewicht!“

Atlas, der sehr stark, aber nicht besonders klug war, glaubte den Worten des Helden. Er nahm ihm den Himmel ab und hob ihn auf seine Schultern. Herakles aber schnappte sich die Äpfel und verabschiedete sich. „Verzeih, dass ich dich überlistet habe“, rief er. „Aber es warten noch viele Aufgaben und Abenteuer auf mich. Das musst du doch verstehen!“

Der Riese sah dem Helden verwundert nach, als er mit den drei goldenen Äpfeln verschwand.

Der Höllenhund Kerberos

Nach einer langen und beschwerlichen Reise kehrte Herakles zurück nach Mykene. Die goldenen Äpfel der Hesperiden überreichte er Eurystheus. „Auch diese Aufgabe ist erfüllt", sagte er. „Habe ich nun endlich die Unsterblichkeit erlangt?"

„Eine Aufgabe halte ich noch für dich bereit", entgegnete Eurystheus. „Sie ist wohl die schwierigste von allen!" Herakles schwieg. Er wartete ab, was ihm wohl diesmal aufgetragen würde.

„Im Süden Griechenlands befindet sich die Halbinsel Peloponnes", erklärte Eurystheus. „Dort erhebt sich das Taygetos-Gebirge. In einer tiefen Schlucht ist der Eingang zur Unterwelt verborgen. Alle Menschen, die gestorben sind, wohnen dort unten."

„Wartet dort eine Aufgabe auf mich?", fragte Herakles. „Was muss ich tun?"

„Hades, der Gott dieser Totenwelt, lässt sein Reich von einem grausamen Wächter beschützen“, fuhr Eurystheus fort. „Es ist ein Hund mit drei Köpfen, sein Name ist Kerberos. Er passt auf, dass kein lebendiger Mensch in die Unterwelt gelangen kann und kein toter Mensch zurück auf die Erde kommt.“

„Wie lautet die Aufgabe?“, rief Herakles.

„Entführe den Höllenhund und bring ihn zu mir! Das ist deine letzte Aufgabe! Dann wirst du die Unsterblichkeit erlangen und als Gott neben den anderen Göttern den Olymp bewohnen.“

Herakles zögerte nicht lange und machte sich auf den Weg zur Halbinsel Peloponnes. Es war eine einsame Reise. Wie gern hätte er einen Gefährten gehabt, mit dem er sich unterhalten könnte und der ihm vielleicht sogar den Weg zeigen würde.

Da hörte der Held plötzlich eine Stimme: „Herakles, warte, ich begleite dich!“ Herakles sah sich um und bemerkte einen jungen Mann, der auf ihn zukam. Auf dem Kopf trug er einen Helm, auf dem kleine Flügel flatterten. Es war Hermes, der Gott der Reisenden. Mit schnellen Schritten näherte er sich dem Helden. „Ich hörte, du hast eine Aufgabe in der Unterwelt zu erledigen!“

Herakles nickte. „Du hast recht. Eurystheus, der König von Mykene, schickt mich zum Taygetos-Gebirge. Dort soll ich in die Unterwelt hinabsteigen und den Hund Ker-

beros entführen. Du musst wissen: Kann ich diese Aufgabe erfüllen, werde ich zu einem Gott so wie du. Zusammen werden wir dann vom Olymp aus das Geschick der Welt lenken!“

„Ich wünsche dir, dass du dein Ziel erreichst“, meinte Hermes. „Aber die Aufgabe ist nicht einfach. Kerberos ist ein scheußliches Untier. Ich habe ihn oft gesehen, denn ich begleite die Seelen aller Menschen, die gestorben sind, in die Unterwelt.“

„Dich schickt der Himmel!“, rief Herakles. „So ist es“, sagte Hermes.

So machten sich der Held und der Gott gemeinsam auf den Weg.

Nach einer langen und beschwerlichen Reise kamen sie endlich im Taygetos-Gebirge an. Schroffe Felsspitzen reihten sich aneinander, tiefe Schluchten gruben sich durch den Stein. Hermes lief leichtfüßig über die Felsen und durch die Täler, und mehr als einmal musste ihm Herakles zurufen: „Nicht so schnell, lieber Freund! Selbst ein Held wie ich hat Mühe, die steilen Felsen zu überwinden!“

An der Südspitze des Gebirges kamen sie schließlich zu der Schlucht, die in die Unterwelt hinabführte. „Hier ist es“, sagte Hermes. „Folge mir!“ Und im Nu war er in der Felsspalte verschwunden. Direkt hinter ihm stieg Herakles hinab.

Schon bald waren sie unten angekommen. Um in das Reich des Hades zu gelangen, mussten sie nun den Fluss Styx überwinden, der die Welt der Lebenden von der der Toten trennte. Ein Boot lag vor ihnen am Ufer. Darin saß Charon, der uralte Fährmann, der die Gestorbenen ins Totenreich brachte.

„Einen lebendigen Menschen, soll ich in Hades' Reich bringen?", sprach der Alte mit leiser, dünner Stimme. „Außer den verstorbenen Menschen darf niemand in mein Boot!"

„Nur dieses eine Mal", versprach Hermes. „Der Held an meiner Seite hat dort eine Aufgabe zu erfüllen."

Da forderte der Alte die beiden mit einer Handbewegung auf, einzusteigen. Lautlos glitt das Boot über die schwarze spiegelglatte Wasserfläche des Flusses, bis es das andere Ufer erreicht hatte.

Vor dem Tor zu seinem Reich stand der Gott Hades. „Halt!" rief er und hob die Hand. „Du darfst eintreten, Hermes. Aber dein Begleiter ist ein lebendiger Mensch. Er hat hier keinen Zutritt!"

„Das ist der Held Herakles", erklärte Hermes. „Ihm wurde aufgetragen, hier in deinem Reich eine Aufgabe zu erfüllen. Gelingt es ihm, wird er bald ein Gott sein, so wie du und ich."

„Welche Aufgabe ist es, die du in der Unterwelt erledigen willst?", fragte Hades. Herakles antwortete: „Den Be-

wacher deines Reiches, den Hund Kerberos, soll ich in die Welt der Lebenden bringen. Das hat mir Eurystheus, der König von Mykene, aufgetragen."

Hades sah den Helden lange schweigend an. Dann sagte er: „Gut, ich bin einverstanden. Aber ich habe eine Bedingung."

„Welche ist es?", fragte Herakles.

„Du musst Kerberos mit bloßen Händen einfangen. Gelingt es dir, ihn ohne Waffen zu besiegen, darfst du ihn für eine Weile in die Welt der Lebenden mitnehmen. Doch anschließend musst du ihn in die Unterwelt zurückbringen!"

Herakles versprach es. Sein Gefährte Hermes verabschiedete sich und kehrte zur oberen Welt zurück. Hades öffnete dem Helden das Tor.

Ein tiefes, raues Grollen ertönte. Dann stand Herakles dem Hund gegenüber. Das Untier war groß wie ein Elefant, drei Köpfe wuchsen auf seinem Hals, und jeder Kopf besaß ein Maul, in dem spitze Zähne nach Herakles schnappten. Grausig ertönte sein dreifaches Gebell.

Im nächsten Moment hatte er sich auf den Helden gestürzt. Die drei Köpfe bleckten die Zähne. Anstelle eines Schwanzes zuckte eine giftige Schlange dem Helden entgegen, die gierig um sich biss.

Doch Herakles ließ sich nicht einschüchtern. Mutig ging es auf das Ungetüm zu. Mit seinen bloßen Händen packte er es, riss es zu Boden und war geschickt genug,

den scharfen Zähnen und dem Schlangenschweif auszuweichen.

Nach einem wütenden Kampf hatte Herakles es tatsächlich geschafft. Ermattet lag Kerberos vor ihm auf der Erde. Ohne Mühe konnte der Held ihn fesseln. Er lud ihn auf seine Schultern und schleppte ihn die dunkle Schlucht hinauf, bis er wieder im hellen Tageslicht stand.

Kerberos aber war so wütend über seine Niederlage, dass er mit seinen drei Köpfen blauen Speichel spuckte.

Wo Tropfen davon auf den Erdboden trafen, wuchsen giftige Pflanzen. Seitdem gibt es den Eisenhut auf der Erde.

„Ich kann es nicht glauben!", rief Eurystheus, als Herakles den riesigen gefesselten Hund vor ihm niederlegte. „Niemals hätte ich gedacht, dass du das Untier besiegen könntest! Damit hast du die letzte Aufgabe gelöst."

Herakles brachte Kerberos zurück in die Unterwelt. Aber er musste noch viele Abenteuer bestehen, bis er endlich die Unsterblichkeit erlangte.

Eines Tages schickte Zeus, der Göttervater, eine Wolke zur Erde nieder, die den Helden sanft zum Olymp emportrug. Nun war er ein Gott geworden, wie er es sich so sehnlich gewünscht hatte. Hera, die Ehefrau des Zeus, versöhnte sich mit ihm und gab ihm ihre Tochter Hebe zur Frau, die Göttin der ewigen Jugend.

Philemon und Baucis

Von Zeit zu Zeit stieg Zeus, der Göttervater, vom Olymp herab, um unten auf der Welt nach dem Rechten zu sehen. Waren die Menschen freundlich und hilfsbereit? Lebten sie nach den Gesetzen der Götter? Das konnte Zeus nur erfahren, wenn er sie besuchte. In Menschengestalt und unerkannt stieg er dann hinab zur Erde.

Dieses Mal hatte er sich ein Dorf ausgesucht, in dem reiche Leute zu wohnen schienen. Ihre Häuser waren groß und prächtig, und kräftige Pferde, Kühe, Ziegen und Esel standen in den Ställen. Zu essen hatten die Bewohner des Dorfes wohl auch genug, denn der Duft von leckeren Speisen stieg bis zum Olymp hinauf. Ob diese Menschen wohl ein Herz für diejenigen hatten, die nicht so reich waren wie sie? Das wollte Zeus herausfinden.

Er rief Hermes zu sich, den Götterboten, der sein Sohn war. „Komm mit mir auf die Erde", sagte er zu ihm und zeigte auf das Dorf unter ihnen. „Lass uns nachsehen, was die Menschen da so treiben!" Hermes nickte zustimmend. Auch er war neugierig auf das Leben dort unten.

Die beiden Götter kleideten sich wie sehr arme Menschen. Zeus hüllte sich in ein grobes Gewand und steckte seine Füße in zerlöcherte Schuhe. Hermes legte seinen Flügel-Helm ab, setzte sich einen alten kaputten Strohhut auf den Kopf und zog sich Lumpen an. Niemand hätte sie in dieser Kleidung erkannt. Dann stiegen sie herab vom Olymp.

Schon bald standen sie in dem Dorf. Es regnete.

Sie sahen ein besonders großes und schönes Haus. „Dort fangen wir an!", meinte Zeus. Er klopfte an die Tür.

Ein Mann öffnete. „Was wollt ihr?", fragte er unfreundlich und sah die zerlumpten Gestalten grimmig an. Aber noch bevor sie antworten konnten, warf er die Tür zu und ließ die beiden Bettler, die ja eigentlich Götter waren, im Regen stehen.

„Ob hier alle so unfreundlich sind?", fragte Hermes besorgt. „Wir werden es sehen", gab Zeus zurück.

Nun klopften sie nacheinander an alle Türen. Doch nirgendwo war man freundlicher zu ihnen als im ersten Haus. Überall wurden sie abgewiesen, manchmal sogar

grob beschimpft. Niemand lud sie in sein Haus ein, niemand bot ihnen etwas zu essen an.

Ein einziges Haus hatten sie noch nicht besucht. Es war längst nicht so groß und schön wie die anderen Häuser und lag etwas abseits am Rand eines Hügels. Das Dach war kaputt, Risse durchzogen die Mauern. Hier lebten bestimmt keine reichen Menschen.

Hermes klopfte an die Tür. Eine alte Frau öffnete. Ein freundliches Lächeln lag auf ihrem faltigen Gesicht, als sie die beiden Bettler sah. „Kommt schnell herein!“, rief sie. „Bei diesem Wetter soll niemand draußen stehen!“

Zeus und Hermes traten durch die niedrige Tür in die Hütte. „Philemon“, rief sie ihrem Mann zu, der im Zimmer saß und sich am Ofen wärmte. „Wir haben Besuch!“

Der alte Mann erhob sich und streckte den beiden Gästen die Hand entgegen. „Willkommen in unserer Hütte“, sagte er. „Hier gibt es keinen Luxus, aber es ist warm und trocken. Macht es euch gemütlich!“

Die beiden nahmen auf den wackeligen Stühlen Platz. Philemon schob neues Holz in den Ofen. „Sicher habt ihr Hunger!“, rief seine Frau, die Baucis hieß. Und schon war sie in der Küche verschwunden.

Nach einer Weile kam sie zurück, in der Hand zwei gefüllte Suppenteller. „Viel mehr als eine kräftige Suppe kann ich euch nicht anbieten“, meinte sie. „Aber sie wärmt und vertreibt den Hunger.“

Dann verschwand sie wieder in der Küche: „Ich werde nachsehen, ob es nicht doch noch einige Vorräte gibt, die euch schmecken könnten.“

Alles, was sie in den Schränken fand, lud sie auf ein Tablett, das sie zu den Gästen trug. Oliven und ein Stück Schafskäse stellte sie auf den Tisch, dazu einige gekochte Eier und ein paar Scheiben Weißbrot, ein Stückchen Wurst, ein Schälchen mit Nüssen und getrockneten Feigen. Philemon hatte inzwischen einen Krug Wein geholt, aus dem er den Gästen einschenkte.

Gemütlich saßen sie beisammen, und die beiden alten Leute erzählten aus ihrem Leben. Als junge Leute waren sie in dieses Häuschen gezogen, hatten ihr ganzes Leben hart gearbeitet und füreinander gesorgt. Nun, da sie alt geworden und ihre Haare weiß waren, hatten sie sich noch immer sehr lieb.

„Aber lebt ihr denn gern in diesem Dorf?“, wollte Zeus wissen. „Die Menschen hier sind reich, aber nicht besonders nett!“

Baucis zuckte mit den Schultern. „Die einen haben viel, die anderen wenig. Die viel haben, sind nicht immer glücklich. Und wer nicht glücklich ist, der ist oft hartherzig!“

Philemon nickte. „Wir sind zufrieden. Wir freuen uns an den Blumen in unserem kleinen Garten. Wir lieben den Frühling, den Sommer, den Herbst und den Winter. Und so

arm sind wir gar nicht. Ein wenig zu essen steht jeden Tag auf dem Tisch, und ab und zu auch ein wenig Wein."

Philemons Blick fiel auf den Krug, der vor ihnen stand. Er erschrak. Der Krug war noch immer bis zum Rand voll. Dabei hatte er seinen Gästen und sich selbst doch immer wieder die Becher gefüllt! Das musste wohl ein göttlicher Zauber sein!

Da merkten die beiden alten Leute, dass ganz besondere Gäste in ihrem Häuschen saßen. „Ihr seid keine Bettler", sagte Philemon mit zitternder Stimme. „Wir haben zwei Götter zu Gast!"

Die beiden sahen Zeus und Hermes erschrocken an. „Mit so hohem Besuch haben wir nicht gerechnet", meinte Philemon. „Verzeiht, dass wir euch nicht besser bewirten können! Aber wir haben nicht viel, das wir euch anbieten könnten!"

„Unsere Gans könnten wir noch schlachten und braten!", rief Baucis. „Sie ist unser Haustier und wir lieben sie. Aber für euch opfern wir sie gern!"

Und schon war die alte Frau hinausgelaufen in den kleinen Garten und versuchte die Gans zu fangen. Die Gans schlug wild mit den Flügeln und versuchte zu fliehen. Ängstlich rannte sie ins Haus und suchte Schutz unter dem Stuhl, auf dem Zeus Platz genommen hatte. Baucis lief hinterher, mit roten Wangen und zerzausten Haaren.

Der Göttervater lächelte. „Behaltet eure liebe Gans“, rief er. „Ihr habt uns so herzlich empfangen. Eure Speisen waren köstlich und haben uns ganz satt gemacht!“

Hermes, der dem ganzen Spektakel lächelnd zugesehen hatte, ergriff nun das Wort. „Wir kamen zur Erde, um zu erfahren, ob die Menschen hier freundlich miteinander umgehen, so wie wir Götter es mögen. Aber wir haben in diesem Dorf, bis auf euch, nur böse, hartherzige Leute getroffen. Das macht uns traurig!“

Und Zeus fuhr fort: „Wir werden diese Menschen bestrafen. Euch beide aber soll die Strafe nicht treffen. Verlasst euer Haus und steigt auf den Hügel hinauf. Dann wird euch nichts geschehen.“

So packten die beiden Alten ein paar Sachen zusammen, Baucis nahm die Gans auf den Arm, und sie stapften den Hügel hinauf.

Kaum waren sie oben angekommen, bezog sich der Himmel mit schwarzen Wolken. Blitze schossen zur Erde nieder, Regen ergoss sich auf das Dorf. Die Flüsse wurden voll und immer voller und setzten alles unter Wasser. Bald war von den Häusern und Wiesen und Feldern nichts mehr zu sehen. Das Dorf war von Wasser und Schlamm zugedeckt. Nur die Hütte von Philemon und Baucis war von dem Unwetter verschont geblieben.

Im nächsten Augenblick wurde der Himmel wieder blau und sonnig. Aber statt der ärmlichen Hütte der beiden Al-

ten stand an dieser Stelle ein großer Tempel, mit Wänden aus Gold und Säulen aus Marmor.

„Hier werdet ihr nun leben“, sprach Zeus. „Das ist der Dank von uns Göttern dafür, dass ihr uns, den Fremden, freundlich und herzlich begegnet seid.“ Und Hermes fügte hinzu: „Habt ihr noch einen Wunsch? Dann sagt ihn uns!“

Die beiden alten Menschen sprachen eine Weile leise miteinander. Dann sagte Philemon: „Ja, einen Wunsch haben wir. Wir möchten, wenn die Zeit gekommen ist, zur gleichen Zeit sterben. Denn ich will nicht ohne meine Baucis leben, und Baucis möchte nicht ohne mich zurückbleiben.“

„Euren Wunsch werde ich euch erfüllen“, sagte Zeus.

Und als Philemon und Baucis so alt geworden waren, dass sie keinen Spaß mehr am Leben hatten, sah Philemon eines Tages, wie seine Baucis plötzlich von grünen Blättern bedeckt wurde. Und auch er selbst fühlte, wie sein Körper sich auflöste und seine Füße sich als Wurzeln in die Erde gruben. So wurden Philemon und Baucis zu zwei Bäumen, die nah beieinander am Rande des Tempels wuchsen. Philemon war eine Eiche und Baucis eine Linde geworden. Ihr Wunsch, sich niemals trennen zu müssen, hatte Zeus ihnen damit erfüllt.

Theseus und der wilde Minotauros

Auf der Insel Kreta lebte ein Mann namens Minos. Er war ein Sohn des Zeus und darum ein guter Bekannter der Götter des Olymp. Asterios, der König von Kreta, war sein Pflegevater. Von ihm würde er später das hohe Amt übernehmen und bald selbst König sein.

Damit er diese Aufgabe gut erfüllen konnte, bat er um den Schutz der Götter. „Ich werde dir ein Opfer bringen!", versprach er dem Meeresgott Poseidon, der sein Onkel war. „Ich werde an den Strand des großen Meeres gehen, und was immer den Wellen entsteigt, werde ich dir opfern! Dafür bitte ich dich um Schutz und Hilfe, damit ich ein guter König werden kann."

Minos machte sich auf den Weg zum Ufer des großen Meeres. Er stand im hellen Sonnenlicht, legte seine Hand über die Augen und wartete auf ein Zeichen des Poseidon.

Plötzlich sah er zwei Hörner aus den Wellen auftauchen. Und nach kurzer Zeit entstieg dem Wasser ein prächtiger weißer Stier. „Was für ein schönes Tier!“, dachte er. Als er nach Hause ging, trottete der Stier brav hinter ihm her.

In der Nacht lag Minos lange wach. Er dachte über sein Versprechen nach. Sollte er wirklich dieses wunderschöne Tier schlachten und dem Meeresgott als Opfer bringen?

Als der Morgen anbrach, hatte er einen Entschluss gefasst. Er würde den Stier behalten und Poseidon ein anderes Tier opfern. Der Gott würde es sicherlich gar nicht bemerken. So ging Minos in den Stall, nahm einen müden alten Stier aus seiner Herde und ließ ihn auf dem Altar vor dem Tempel des Poseidon schlachten. Den schönen Stier aber gab er nicht her.

Poseidon merkte gleich, dass er betrogen worden war. Denn einen Gott kann man nicht so leicht hinters Licht führen. Der Meeresgott wurde wütend. Er würde Minos nicht beschützen, ganz im Gegenteil: Er würde ihn bestrafen!

Wenig später wurde Minos zum König von Kreta gekrönt. Er nahm Pasiphaë zur Frau, eine Tochter des Sonnengottes Helios. Das Königspaar bekam viele Kinder. Das jüngste sollte bald geboren werden. Und hier erfüllte sich die Rache des Poseidon. Denn das Baby, das zur Welt kam, war ein

Ungeheuer. Zwar hatte es den Körper eines Menschen, auf seinen Schulter aber saß der Kopf eines wilden Stieres.

Minos erschrak, als er seinen Sohn zum ersten Mal sah. Er merkte, dass das die Strafe seines Onkels Poseidon war.

Wo sollte dieses Wesen leben, das man Minotauros, den Stier des Minos, nannte? Es war nicht nur äußerlich ein Ungeheuer. Bald zeigte sich, dass es wild und gefährlich war. Man musste es einsperren, damit niemand zu Schaden kam.

Minos besprach sich mit seiner Frau. Sie beschlossen, auf der Insel Kreta in einer Höhle ein Labyrinth bauen zu lassen, in dem das wilde Wesen hausen sollte. Sie ließen Daidalos zu sich rufen, den berühmten Erfinder und Baumeister.

„Ich brauche ein Labyrinth", sagte Minos zu Daidalos. „Einen unterirdischen Irrgarten, aus dem niemand wieder herausfindet. Kannst du den für mich bauen?" Daidalos nickte. „Ich werde mich gleich an die Arbeit machen!"

Er zeichnete die Pläne, und viele Arbeiter gruben und hämmerten in der Erde und dem Gestein herum und bauten verwinkelte Wege. Nach einiger Zeit war das Labyrinth fertig. Es war so verzwickt, dass selbst Daidalos, der Baumeister, kaum aus ihm herausfand.

Man fesselte den wilden Minotauros und brachte ihn in den Irrgarten. Hier lebte er nun und niemand traute sich, die Höhle zu betreten.

In der großen Stadt Athen gab es einen jungen Königssohn namens Theseus. Er hörte vom Minotauros und beschloss, das Untier zu besiegen. Denn obwohl es eingesperrt war, so war es doch gefährlich. Sollte jemand das Labyrinth betreten, war er in höchster Gefahr. Darum hatte es noch niemand gewagt, sich dem Minotauros im Kampf zu stellen.

„Ich werde es versuchen“, sagte Theseus. „Und ich werde das Monster besiegen!“ Er machte sich auf nach Kreta.

Als sein Schiff im Hafen der Insel anlegte, sah Theseus eine junge Frau am Ufer stehen. Sie blickte traurig aufs Meer hinaus. Theseus sprang an Land und ging auf sie zu.

„Du siehst betrübt aus. Hast du Kummer?“, fragte er sie. „Ja“, antwortete sie. „Ich bin Ariadne, die Tochter des Königs von Kreta. Ein furchtbares Unglück ist unserer Familie zugestoßen!“ „Erzähl es mir“, meinte Theseus.

„Einer meiner Brüder ist ein Ungeheuer“, fuhr sie fort. „Er ist halb Mensch, halb Stier. Und er ist gefährlich und wild. Man nennt ihn den Minotauros!“

Theseus sah sie überrascht an. „Gut, dass ich dich getroffen habe! Ich bin auf dem Weg zu ihm. Ich werde ihn besiegen! Zeig mir den Weg zu dem Labyrinth, in dem er gefangen ist!“

Ariadne erschrak. Der junge Mann gefiel ihr gut, und ihre Angst war groß, dass er den Kampf mit der Bestie verlieren könnte. „Überleg es dir noch einmal“, sagte sie. „Du

bringst dich in große Gefahr!“ Theseus schüttelte den Kopf. „Die Götter werden mich beschützen!“, rief er.

So ging sie voraus und führte den jungen Helden zu dem Labyrinth des Minotauros. Vor dem Eingang blieb sie stehen. „Jeder verirrt sich in den dunklen, verschlungenen Wegen dieser Höhle“, sagte sie. „Doch Daidalos, der Baumeister dieses Irrgartens, hat mir verraten, wie man dennoch wieder hinausfinden kann.“ „Sag es mir!“, bat Theseus.

Ariadne, die den jungen Helden lieb gewonnen hatte, antwortete: „Ich möchte mein Leben an deiner Seite verbringen. Wenn du mich zur Frau nimmst, werde ich dir helfen!“ Die junge Frau gefiel Theseus sehr gut, und so nahm er ihren Vorschlag gern an: „Es wäre eine große Freude für mich, dein Ehemann zu werden!“

Da nahm Ariadne ein Wollknäuel aus ihrer Tasche. Sie reichte es Theseus.

„Befestige den Wollfaden am Eingang des Labyrinths und wickle den Faden ab, während du durch die Höhle gehst“, sagte sie. „Dann musst du auf dem Rückweg nur dem Faden folgen und kannst dich nicht verirren.“

Theseus nahm das Knäuel und band den Anfang des Fadens an einem Olivenbaum fest, der am Eingang des

Labyrinths wuchs. Dann küsste er Ariadne und verschwand in der dunklen Höhle.

Ungeduldig wartete Ariadne auf seine Rückkehr. Viele Stunden stand sie am Eingang der Höhle. Immer wieder lauschte sie und versuchte, in der Dunkelheit des Felsens etwas zu erkennen. Doch sie hörte und sah nicht, was sich dort drinnen abspielte.

Längst war es Nacht geworden, und noch immer war Theseus nicht wieder zurückgekehrt. Ariadne begann zu weinen. Sie war sich sicher, dass sie den jungen Mann nie wiedersehen würde. Doch plötzlich hörte sie Schritte in der Höhle. Und tatsächlich stand Theseus vor ihr, gesund und munter.

„Ich habe das Untier besiegt“, rief er. „Es kann niemandem mehr etwas antun!“ Er wischte Ariadnes Tränen fort, und Hand in Hand verließen sie den schaurigen Ort.

Daidalos und Ikaros

Minos, der König von Kreta, war sehr froh, dass das Untier im Labyrinth nun nichts mehr anrichten konnte. Er bedankte sich herzlich bei Theseus, der den Minotauros so mutig besiegt hatte. Und er ließ auch Daidalos zu sich rufen, der das Labyrinth geplant hatte. „Dir, mein lieber Daidalos, gebührt mein herzlicher Dank", sagte er. „Ich wünsche mir, dass du als mein persönlicher Architekt und Baumeister hier auf Kreta bleibst und die schönsten Häuser und Paläste erbaust. Nur für mich allein sollst du von nun an arbeiten. Ich werde dich dafür gut bezahlen!"

Doch Daidalos schüttelte den Kopf. „Ich weiß euer Angebot zu schätzen, König Minos", sagte er. „Aber ich möchte nicht auf Kreta bleiben. Ich will frei sein, in ganz Griechenland herumreisen und nicht nur in deinen Diensten stehen. Ikaros, meinem Sohn, will ich das ganze Land

zeigen. Das ginge nicht, würde ich in deinen Diensten stehen und nur für dich da sein!“

König Minos sah plötzlich nicht mehr so freundlich aus. „Du wagst es, mir, deinem König, zu widersprechen?“, rief er. „Das sollst du büßen!“

Er befahl seinen Soldaten, Daidalos in Fesseln zu legen. „Und bringt mir auch Ikaros, den ungehorsamen Sohn!“

Beide, Vater und Sohn, wurden zu dem Labyrinth geführt. Die Soldaten stießen die beiden in die Höhle. Vor den Eingang der Höhle rollten sie einen großen Stein. Nun half auch Ariadnes Faden nicht, in die Freiheit zu gelangen.

Viele Tage saßen Daidalos und sein Sohn Ikaros in der Höhle. Finster war es hier. Nur ganz weit oben ließ eine Öffnung ein wenig Tageslicht herein. Täglich ließ König Minos etwas zu essen und zu trinken durch diese Öffnung zu den Gefangenen hinunterwerfen. Sonst wären sie verhungert und verdurstet.

Ikaros wurde immer stiller und trauriger. „Wir werden wohl nie mehr hier herauskommen“, sagte er zu seinem Vater. „Wir werden hier bleiben bis ans Ende unserer Tage.“

Doch Daidalos, der ja ein sehr kluger Mann mit vielen Ideen war, tröstete seinen Sohn. „Gib nicht auf, Ikaros. Ich werde darüber nachdenken, wie wir uns retten können.“

Er blickte an den glatten Wänden der Höhle entlang bis nach oben. Schon oft hatte er bemerkt, dass dort über der Öffnung am Himmel einige Adler ihre Runden zogen. Von

Zeit zu Zeit verloren sie ein paar Federn, große und kleine, die dann wie Fallschirme von oben in die Höhle schwebten. Viele der Federn lagen nun unten auf dem steinernen Boden.

Daidalos nahm einige davon in die Hand. Dann sah er wieder nach oben. „Ich glaube, so könnte es klappen“, murmelte er vor sich hin. „Was denn?“ fragte Ikaros. „Warte ab“, gab sein Vater zurück.

Er nahm den Faden, den Theseus im Labyrinth zurückgelassen hatte, zerschnitt ihn und begann, einige Federn zusammenzubinden. Sie wollten nicht so recht halten, darum betropfte er sie mit Wachs. Feder um Feder klebte er so zusammen, bis er einen Flügel geformt hatte. Er sah aus wie der des Adlers, der oben am strahlend blauen Himmel kreiste.

Gleich fertigte er noch einen zweiten Flügel an, dann einen dritten und einen vierten. Ikaros sah ihm staunend zu.

„Streck deine Arme aus“, befahl Daidalos. Dann band er zwei der Flügel an den Schultern seines Sohnes fest. Ikaros schlug einige Male mit den Schwingen, und ein Rauschen erfüllte die Höhle.

Nun band sich Daidalos selbst die anderen beiden um. Er nahm einigen Anlauf, bewegte die Schwingen und begann zu schweben. In Kreisen flog er die Höhle hinauf, bis er oben am Rand der Öffnung saß. „Mach es wie ich!“, rief er Ikaros zu. „Beweg die Schwingen und komm zu mir herauf!“

Nach kurzer Zeit war auch Ikaros oben angelangt. Da saßen die beiden Vogel-Menschen und sahen hinab in das dunkle Gefängnis, dem sie gerade entkommen waren.

„Wir müssen von dieser Insel fliehen!“, meinte Daidalos. „Wir werden über das Mittelmeer fliegen, bis wir das Festland von Griechenland erreicht haben. Dann sind wir frei!“ Ikaros nickte.

„Doch es ist nicht ungefährlich“, fuhr Daidalos fort. „Wir dürfen nicht zu tief fliegen, da sonst unsere Flügel vom Meerwasser nass werden. Dann werden sie zu schwer und ziehen uns nach unten.“ „Aha“, sagte Ikaros. „Also nicht tief fliegen.“

„Aber auch nicht zu hoch“, meinte Daidalos. „Denn kommen wir der Sonne zu nah, schmilzt das Wachs, das die Federn zusammenhält. Wir würden abstürzen.“ „Gut“, sagte Ikaros. „Also auch nicht zu hoch.“

Sein Vater nickte, nahm einigen Anlauf und erhob sich in die Luft. „Bleib hinter mir!“, rief er seinem Sohn zu, der nun ebenfalls in den Himmel aufgestiegen war.

Sie zogen einige Runden über die Insel, dann flogen sie über das weite Meer, dessen Wellen in der Sonne hell glänzten.

Wie herrlich es hier oben war! Endlich frei! Ein leichter Wind trug sie über das blaue Wasser, tief atmeten sie den Duft von Salz und Sonne ein. „Sieh nur, Vater“, rief Ikaros,

„ich kann die Wolken fangen!“ Und er steuerte ein wenig nach oben.

„Pass auf, Ikaros“, rief Daidalos. „Flieg nicht zu hoch!“

„Nein, nein“, rief Ikaros übermütig. Aber seine Stimme erklang schon in weiter Ferne, denn die Flügel trugen ihn höher und höher. Es war ihm einfach zu langweilig, immer in der Mitte zwischen Sonne und Wasser zu schweben.

Kräftig schlug er mit den Schwingen. Immer weiter entfernte er sich von seinem Vater. Bald war er nur noch ein kleiner Punkt ganz oben am Himmel.

„Komm zurück, Ikaros!“, rief sein Vater. Aber es war zu spät. Die Hitze der Sonne ließ das Wachs schmelzen, die Flügel lösten sich auf, und Ikaros fiel wie ein Stein ins Wasser. Viele kleine und große Federn folgten ihm und bedeckten die Wellen, in denen er versunken war. Daidalos war sehr traurig. Würde er seinen Sohn je wiedersehen? Er selbst kam unversehrt am Festland an.

Eine Insel in der Nähe der Stelle, wo Ikaros ins Meer gestürzt war, erhielt den Namen Ikaria, um an Ikaros zu erinnern, der der Sonne zu nah kam.

Der schöne Narkissos

In der Stadt Thespeia lebte Narkissos, der Sohn eines Wassergottes und einer Nixe. Schon als Kind war er sehr hübsch gewesen, aber jetzt, als junger Mann, war er so schön geworden, dass ihn alle bewunderten.

Viele versuchten ihn zum Freund zu bekommen, und alle junge Mädchen verliebten sich in ihn. Aber Narkissos war nicht nur schön, er war auch sehr stolz und eingebildet. Niemand schien ihm gut genug, um seine Freundschaft zu gewinnen.

Ganz in seiner Nähe, auf dem Berg Helikon, wohnte die Nymphe Echo. Die Arme hatte keine eigene Sprache. Sie konnte nur das wiederholen, was ein anderer zuvor gesagt hatte. Rief jemand: „Komm zu mir!“, so konnte sie nur wiederholen „… mir, mir, mir!“ Darum vermochte sie Narkissos auch nicht zu sagen, dass sie ihn aus ganzem Herzen liebte. Nur an ihren leuchtenden Augen und ihren sanften Bewegungen erkannte der junge Mann, dass Echo ihn sehr gern mochte. Aber auch sie rührte nicht sein Herz.

Als sie ihn einmal zu umarmen versuchte, stieß er sie grausam zurück. „Was willst du, Geisterfrau!“, rief er. „Du hast ja keine eigenen Worte, um meine Schönheit zu preisen! Geh mir aus den Augen!“

Echo war sehr traurig und gekränkt. Stumm weinte sie und versteckte sich in einer Höhle. Vor Kummer mochte sie nichts mehr essen und nichts mehr trinken. Und nach einer Weile war nichts von ihr übrig als ihre Stimme, die noch heute in den Bergen die Rufe der Menschen wiederholt.

Narkissos aber lebte sorglos in den Tag hinein, stolz und einsam. Eines Tages, als er durch die Wälder seiner Heimat spazierte, sah er in der Nähe einen kleinen See. Das ist ein guter Platz, und sich auszuruhen, dachte er und setzte sich ans Ufer. Er blickte auf die spiegelglatte Oberfläche. Und was sah er? Sein eigenes Gesicht lächelte ihm aus dem Wasser entgegen.

Er neigte den Kopf, fuhr mit der Hand durch sein Haar und strich mit den Fingern über seine Wangen. „Wie schön ich doch bin“, sagte er zu sich selbst. „Niemand auf der Welt ist so hübsch wie ich!“ Und auf der Stelle verliebte er sich in sein eigenes Spiegelbild.

Der See war nun sein Zuhause. Er mochte sich nicht trennen vom Anblick seines schönen Gesichts. Immer wieder tauchte er seine Hände ins klare Wasser, um sich selbst zu umarmen. Aber es gelang ihm nicht. Sobald er den See

berührte, kringelte sich das Wasser und sein Spiegelbild verschwamm.

So wie zuvor die Nymphe Echo konnte nun auch Narkissos vor Liebe nicht mehr essen und trinken. Sein schöner Körper wurde dünner und dünner, sein Gesicht wurde schlaff und faltig. Und bald war von ihm nichts mehr übrig.

An der Stelle, an der Narkissos gesessen und sein Spiegelbild bewundert hatte, wuchsen seitdem wunderschöne gelbe Blumen. Sie heißen Narzissen.

Demeters Tochter

Demeter war die Göttin der Erde und der Fruchtbarkeit. Sie ließ die Blumen und Bäume wachsen und sorgte dafür, dass im Frühjahr auf den Feldern das Getreide keimte und im Sommer goldgelbe Ähren trug.

Die Göttin hatte eine Tochter mit dem Namen Persephone. Sie liebte ihr kleines Mädchen sehr und passte gut auf, dass ihm nichts geschah.

Als Persephone eine junge Frau geworden war, ging sie gern auf den blühenden Wiesen und in den schattigen Wäldern spazieren, denn das alles war ja das Reich ihrer Mutter.

Eines Tages kniete sie auf einer Waldwiese und pflückte einen Strauß bunter Blumen, die sie zu einem Kranz für ihr Haar flechten wollte. Plötzlich grollte und rumpelte es neben ihr in der Erde und ein tiefer Spalt öffnete sich. Erschrocken sprang Persephone auf. Aus dem Erdboden sprang schnaubend ein Pferd, gefolgt von einem prächti-

gen Wagen. Darin saß Hades, der Gott der Unterwelt. Das Gespann hielt neben dem jungen Mädchen an und Hades stieg aus dem Wagen.

„Schön sind die bunten Blumen und das saftige Gras", sprach er. „Bei mir tief unten in der Erde ist die Welt aber geheimnisvoll und noch viel schöner als hier. Ich werde sie dir zeigen. Komm mit mir!"

Er nahm Persephone bei der Hand. „Nein!", rief das Mädchen. „Ich will nicht in die dunkle Tiefe! Ich will hier oben im Sonnenschein bleiben." Doch Hades drängte Persephone in seine Kutsche. Mit einem Donnern schloss sich der Erdboden über ihnen.

Als Persephone abends nicht nach Hause kam, wurde ihre Mutter unruhig. Wo bleibt sie nur, dachte Demeter. Und sie machte sich auf die Suche. Doch sie fand sie an diesem Abend nicht. Und auch am nächsten Tag suchte sie vergeblich. Verzweifelt lief Demeter auf der ganzen Welt umher, suchte hier und suchte dort. Doch ohne Erfolg. Persephone war verschwunden.

Da wurde Demeter unsagbar traurig. Sie zog sich in eine Höhle zurück und weinte Tag und Nacht. An nichts hatte sie mehr Freude. Ob die Blumen auf der Erde blühten und das Getreide wuchs, das war ihr ganz egal. So kam eine große Dürre über die Welt. Alle Pflanzen verdorrten, nichts wuchs mehr auf den Feldern, die Menschen mussten hungern.

Zeus, der Göttervater, sah oben vom Olymp herab und erkannte die Gefahr. Wenn Demeter nichts mehr wachsen ließ, würden alle Menschen sterben. So stieg Zeus zur Erde herab und betrat die Höhle, in der Demeter traurig auf dem harten Boden kauerte. „Bitte, Demeter“, sagte er, „kümmere dich doch wieder um die Pflanzen und sorg dafür, dass die

schönen Blumen wachsen. Ohne dich ist die Erde traurig und öde. Ohne dich können die Menschen nicht leben!"

„Ich kann nicht!", schluchzte die Göttin. „Ich bin zu traurig." Zeus legte ihr eine Hand auf die Schulter. „Verzweifele nicht", sagte er. „Ich werde dafür sorgen, dass du wieder glücklich sein kannst!"

Nun stieg Zeus hinab in die Unterwelt und betrat das Reich des Hades. „Lass Persephone auf die Erde zurückkehren", sprach er. „Ich befehle es dir!"

In diesem Moment kam Persephone hinzu. „Komm mit mir wieder hinauf auf die Erde", sprach Zeus sie an. „Deine Mutter ist traurig und verzweifelt, weil du nicht bei ihr bist." Die junge Frau schüttelte den Kopf. „Ich habe Hades lieb gewonnen", sagte sie leise. „Wir werden heiraten. Ich werde die Königin der Unterwelt. Aber meine Mutter fehlt mir doch sehr!"

Was sollte nun werden? Zeus überlegte. Und er fasste einen Entschluss. „Du kannst beides haben, Persephone", sagte er. Lebe die Hälfte der Zeit bei deiner Mutter, die andere Hälfte hier bei deinem Ehemann!" Das gefiel der jungen Frau. Sie lachte und sagte: „Das ist eine gute Idee!"

So kommt es, dass im Sommer, wenn Persephone bei ihr lebt, Demeter glücklich ist. Dann lässt sie auf der Erde alles wachsen und blühen. In den anderen Monaten aber, wenn Persephone in der Unterwelt regiert, wartet Demeter ungeduldig auf ihre Rückkehr. Dann gedeihen die Pflanzen nicht. Es ist Winter.

Der Sänger Orpheus

In Pieria, nahe dem Olymp, wurde ein Junge geboren. Man nannte ihn Orpheus. Er war der Sohn von Kalliope, der Muse des Musizierens, und Apollon, dem Gott der Musik und des Gesangs. „Er wird bestimmt sehr musikalisch“, sagte Apollon zu seiner Frau. Und er schenkte seinem Sohn ein Instrument, das Lyra heißt.

Orpheus wuchs heran, und tatsächlich wurde er ein berühmter Sänger und Lyra-Spieler. Sein Gesang war so herrlich, dass alle Menschen vor Rührung weinen mussten, wenn sie ihn hörten. Auch die Götter oben auf dem Olymp saßen ganz still und lauschten, wenn die schöne Musik erklang. Sogar die Tiere spitzten dann ihre Ohren und wurden ganz friedlich. Die Blumen neigten ihm ihre Blüten entgegen und die wilden Wogen im Meer glätteten sich und plätscherten sanft und mild zum Strand, solange die lieblichen Klänge über das Wasser wehten.

Orpheus war sehr glücklich, dass er allen mit seiner Musik so viel Freude bringen konnte. Und schon bald war sein Glück vollkommen. Denn er traf die schöne Nymphe

Eurydike. Beide mochten sich sehr gern, und es dauerte nicht lange, da waren sie ein Paar geworden.

Doch das Glück fand schon bald ein Ende. Eine giftige Schlange biss Eurydike in den Fuß, als sie barfuß über die Wiesen lief. Leblos sank sie zu Boden.

Weinend stand Orpheus vor seiner toten Frau. „Meine geliebte Eurydike“, flüsterte er. „Wie kann ich ohne dich nur weiterleben?“ Er nahm seine Lyra und spielte, aber es war eine sehr traurige Melodie, die aus dem Instrument erklang.

Dann besann er sich. „Ich werde dich ins Leben zurückholen“, rief er. Und er beschloss, ins Reich der Toten hinabzusteigen, wo der Gott Hades herrschte.

So machte sich Orpheus auf den Weg ins Taygetos-Gebirge. Dort fand er den Eingang zur Unterwelt und stieg in die Schlucht hinab.

Charon, der alten Fährmann, weigerte sich erst, ihn über den Fluss Styx zu rudern. Erst als Orpheus zu singen und zu spielen begann, durfte er sich ins Boot setzen, und Charon brachte ihn wortlos ans andere Ufer.

Ein böses Knurren empfing ihn. Es war Kerberos, ein Hund mit drei Köpfen, der das Reich der Toten bewachte. Doch Orpheus hatte keine Angst vor dem Untier. Wieder begann er auf seiner Lyra zu spielen. Sofort hörte der wilde Hund auf zu bellen und nach ihm zu schnappen und legte sich vor ihm ganz brav auf den Boden.

Orpheus ging an ihm vorbei zum Palast des Hades, der hier in der Unterwelt mit seiner Frau Persephone regierte. Der Gott saß auf seinem Thron und sah den Eindringling böse an. „Du wagst es, als lebender Mensch in mein Reich einzudringen?“, grollte er. „Das ist keinem erlaubt. Auch dir nicht!“

Da nahm Orpheus die Lyra, schlug einige Töne an und begann zu singen. Von seiner großen Liebe zu Eurydike sang er und von dem großen Schmerz, den er in sich trug. „Gib mir Eurydike zurück!“, sagte er dann. „Ich kann ohne sie nicht leben!“

Die Klänge der Lyra und die Worte, die er hörte, rührten das Herz des Gottes. „Also gut“, sagte er. „Sie soll mit dir zurückkehren ins Leben.“ „Ich danke dir!“, rief Orpheus. „Wo ist sie, meine geliebte Eurydike?“

Da öffnete sich die Tür und Eurydike trat ein. Sie ging ganz langsam, denn die Wunde an ihrem Fuß schmerzte noch immer. Als sie Orpheus sah, begann sie zu lächeln und streckte ihm ihre Arme entgegen.

Doch Hades hob die Hand. „Eine Bedingung habe ich“, sagte er. „Wenn du Eurydike nach oben ins Reich der Lebenden zurückführst, gehe ihr voran. Und sieh dich nicht nach ihr um, was auch immer geschieht!“

„Ja!“, rief Orpheus voller Freude. „Ich werde tun, was du befiehlst!“ Er verabschiedete sich von Hades, und beide begannen den Aufstieg zur Welt der Lebenden.

Fast hatten sie die Unterwelt hinter sich gelassen. Schon war das Sonnenlicht und ein Stück vom blauen Himmel über ihnen zu sehen. Da blieb Orpheus stehen. Er horchte. Es war ganz still in der Schlucht. War Eurydike wirklich hinter ihm? Er hatte keine Schritte gehört. Hatte sie ihm wegen ihrer Wunde am Fuß nicht folgen können? War er zu schnell gegangen? Er hielt es nicht aus. Er musste nachsehen, ob seine Eurydike wirklich bei ihm war. Orpheus drehte sich um.

In diesem Moment war es, als werde Eurydike zurück nach unten in die dunkle Schlucht gezogen. Zurück ins Reich des Gottes Hades.

Erschrocken versuchte der Sänger ihr zu folgen. Doch Charon, der alte Fährmann, ruderte ihn kein zweites Mal über den Fluss. Verzweifelt musste Orpheus zurückkehren in die Welt der Lebenden.

Von dieser Zeit an suchte er die Einsamkeit. Er mochte nicht mehr mit anderen Menschen zusammen sein, und seine Lieder klangen düster und traurig. Nach einigen Jahren starb Orpheus. Nun durfte er die Unterwelt wieder betreten. Und voller Freude umarmte er seine Frau Eurydike, mit der er nun für immer vereint sein durfte.

König Midas

In der Landschaft Phrygien gab es einst einen König namens Midas. Er war zwar mächtig, aber eins fehlte ihm: Klugheit.

Wie kann ich nur schlauer werden?, überlegte er. So schlau wie der alte Silenos vielleicht, der Lehrer des Gottes Dionysos.

Dieser war berühmt für seinen wachen Verstand. Und viele bewunderten ihn dafür. König Midas beschloss, den klugen Silenos zu fangen. Vielleicht kann ich ja dann erfahren, wie man es anstellen muss, um klüger zu werden, dachte er.

Der König wusste, dass Silenos gern in den Wald ging und dort aus einem Brunnen trank. Midas dachte nach. „Ja“, sagte er nach einer Weile zu sich selbst, „so könnte es klappen!“ Er nahm einen großen Krug Wein und machte

sich damit auf zu dem Brunnen. Dort angekommen, goss er den Wein in das frische klare Wasser und versteckte sich hinter einem Baum.

Schon kurze Zeit später sah er jemanden durch den Wald herankommen. Es war Silenos, der durstig zu dem Brunnen lief, denn es war ein heißer Tag. Er kniete sich nieder und trank gierig aus den Händen. Aber anstatt danach erfrischt und munter auf seine Füße zu springen, sank er müde zu Boden. Der Wein hatte ihn berauscht. Laut schnarchend lag er neben dem Brunnen.

So war es für Midas nicht schwer, ihn zu fesseln, ohne dass der Betrunkene es merkte. Wenn er wach wird, freute er sich, werde ich erfahren, wie man klug wird.

In diesem Moment ertönte eine laute Stimme durch den Wald. „Silenos, wo bist du?“ Und dann noch einmal: „Silenos, wo bist du?“ Es war Dionysos, der Gott des Weines, der seinen Lehrer suchte. Er war ein kräftiger Mann. Ein dichter Bart hing ihm im Gesicht, um seine Stirn rankte sich ein Kranz von Weinblättern.

Fast wäre er über Silenos gestolpert. „Hier bist du also!“, lachte er. „Und nun steh auf! Der Unterricht beginnt!“ Doch dann sah er, dass Silenos gefesselt war. „Wer hat das getan?“, rief er.

Midas kam hinter dem Baum hervor. „Silenos ist mein Gefangener“, sagte er. „Und er kommt erst frei, wenn er mir das Geheimnis seiner Klugheit verraten hat!“

Dionysos sah den anderen zornig an. „Das geht nicht!“, schimpfte er. „Du kannst ihn doch nicht einfach in Ketten legen! Es gibt noch so vieles, was er mir beibringen muss!“

Doch Midas dachte gar nicht daran, seinen Gefangenen freizulassen. „Ich bin der König, und auch du, Dionysos, wirst dich fügen müssen!“

Betrübt schüttelte Dionysos den Kopf. „Lass ihn frei. Dann werde ich dich dafür auch reich belohnen!“

Da bekam König Midas große Augen. „Belohnen?“, fragte er. „Was bekomme ich denn?“ „Du darfst dir etwas wünschen“, gab Dioysos zurück. „Und ich werde deinen Wunsch erfüllen, was es auch sei.“

Das Nachdenken war nicht gerade eine Stärke des Königs. Doch jetzt begann er zu grübeln. Was könnte ich mir nur wünschen, fragte er sich. Dann hatte er sich entschieden.

„Mein Wunsch, Dionysos, ist noch mehr Reichtum. Denn was gibt es Schöneres als Gold und Geld? Darum wünsche ich mir …“ „Ja, was denn?“, fragte Dionysos neugierig.

„Ich wünsche mir, dass alles, was ich mit meinen Händen berühre, zu Gold wird!“

„Dein Wunsch wird in Erfüllung gehen“, sagte Dionysos und lächelte. „Nun aber befreie meinen Lehrer!“

Midas nahm Silenos die Fesseln ab. Dionysos lud sich den alten Mann auf seine starken Schultern, und die beiden verschwanden zwischen den Bäumen.

Sogleich probierte Midas aus, ob Dionysos die Wahrheit gesagt hatte. Er berührte den Zweig eines Baumes, und schon verwandelten sich die raue braune Rinde und die Blätter in blinkendes, blankes Gold. Das Moos, die Blumen und Steine, das Wasser im Brunnen, die wilden Himbeeren und selbst die kleinen Ameisen im Wald – alles, alles verwandelte sich in das kostbare Metall, sobald der König seine Hand darauflegte.

„Ich bin der reichste Mensch der Welt!", jubelte Midas. „Das ist wirklich ein kluger Wunsch gewesen!"

Natürlich wollte der König dieses wunderbare Geschenk des Gottes Dionysos so richtig feiern. Er lud seine Freunde in sein Schloss ein. Alle sollten seinen Reichtum bewundern.

Abends wurde tüchtig aufgetischt. Die Diener brachten Schüsseln mit köstlichem Gemüse und Obst, dazu Brot und Kartoffeln und knusprigen Braten. Und wenn es damals in Griechenland schon Pommes Frites und Fischstäbchen gab – ja, dann war wohl auch das dabei.

Wie sich der König auf das wunderbare Essen freute! Er nahm einen Apfel und wollte hineinbeißen, aber er biss auf hartes Metall. Der Apfel war zu Gold geworden. Er griff nach dem Brot. Auch das wurde zu Gold, sowie Midas es berührte. Sogar das Wasser und der Wein verwandelten sich in Gold, so wie alles, was er anfasste. Hungrig und durstig musste er abends ins Bett gehen.

Doch auch das Schlafen konnte ihm nicht gelingen. Die Bettdecke und das Kissen funkelten und glitzerten zwar prächtig, als er sich müde hinlegte. Doch wer kann schon auf hartem Metall schlafen?

Da merkte Midas, dass sein Wunsch doch nicht so klug gewesen war.

Geknickt besuchte er am nächsten Tag den Gott Dionysos. „Ich habe mir wohl nicht das Richtige gewünscht!“, sagte er. „Ich werde verhungern und verdursten, wenn das so weitergeht. Nimm dein Geschenk bitte zurück!“

„Das habe ich mir gedacht“, lachte der Gott. Und er verriet ihm, wie er seinen Wunsch rückgängig machen konnte: „Geh zum Fluss Paktolos und bade darin. Dann wird alles wieder so sein wie zuvor.“

Midas folgte seinem Rat. Und als er aus dem Wasser stieg, konnte er alles anfassen, und es blieb wie es war. „Danke!“, rief der König erleichtert. „Danke, dass mich nun nicht mehr nur Gold umgibt. Was nützt es, reich zu sein, wenn man dabei verhungern muss!“ So war der König Midas doch ein wenig klug geworden.

Im Fluss Paktolos, so wird erzählt, kann man seitdem Gold finden.

Europa und der Stier

So mächtig und weise der Göttervater Zeus auch war, er hatte eine Schwäche. Sowie er eine hübsche Göttin, Nymphe oder auch Menschenfrau sah, wurde er ganz aufgeregt. Am liebsten hätte er alle jungen Frauen zur Freundin gehabt. Seine Gemahlin Hera sagte oft zu ihm: „Vergiss nicht, lieber Zeus, dass du verheiratet bist. Und zwar mit mir!“

Dann wurde Zeus ganz kleinlaut und zerknirscht und versprach, keinem jungen Mädchen mehr in die Augen zu sehen. Bis ihm wieder eine schöne Frau begegnete.

In Phönizien am Mittelmeer, wo sich heute die Länder Israel, Libanon und Syrien befinden, herrschte ein König namens Agenor. Er hatte eine Tochter, die für ihre Schönheit berühmt war. Sie hieß Europa.

Zeus oben auf dem Olymp hörte, wie die Menschen unten auf der Erde die Königstochter lobten: „Wie reizend sie doch aussieht!“ „Wie lieblich sie spricht!“ „So anmutig wie sie bewegt sich keine Zweite!“ Und ein anderer sagte: „Sie hat auch ein gutes Herz. Denn sie liebt Tiere über alles!“

Da wurde der Göttervater neugierig, ob die Menschen die Wahrheit sagten, und stieg vom Olymp herab auf die Erde. Er machte sich auf den Weg nach Phönizien.

Dort sah er von fern die schöne Königstochter, wie sie am Strand des Mittelmeeres mit ihren Freundinnen spielte. Übermütig lief Europa durch die Wellen, die sanft an den Strand spülten. Ihr schwarzes Haar wehte im Wind, sie lachte und scherzte und sang Lieder mit ihrer lieblichen Stimme.

Zeus wagte sich etwas näher heran und sah ihr ins Gesicht. Eine so große Schönheit hatte er nie zuvor erblickt. Wie gebannt stand er da und konnte seinen Blick nicht abwenden von der schönen Europa. Er musste sie kennenlernen!

Wie kann ich mich ihr nur nähern, ohne dass sie vor mir erschrickt, überlegte er. Dann erinnerte er sich daran, was er oben auf dem Olymp über sie gehört hatte. Sie liebt Tiere über alles, hatte jemand gesagt. Da beschloss der Gott, sich zu verwandeln und ihr in der Gestalt eines Tieres zu begegnen.

So geschah es. Als Europa hinter sich blickte, sah sie am Strand einen wunderschönen weißen Stier. Er trottete friedlich auf sie zu, legte sich zu ihren Füßen nieder und sah sie mit seinen sanften Augen an. Die Prinzessin streckte vorsichtig die Hand aus und kraulte ihn zwischen den Hörnern. Das schien dem Stier zu gefallen. Er schloss die Augen und hielt ganz still.

„Ob ich wohl auf ihm reiten könnte?“, fragte Europa ihre Freundinnen. „Versuch es!“, riefen die Mädchen. „Er ist bestimmt ganz brav!“

Doch kaum hatte sich Europa auf den Rücken des Stieres gesetzt, sprang er auf und galoppierte mit weiten Sprüngen davon. Denn Zeus hatte beschlossen, die schöne Königstochter zu entführen, damit sie immer bei ihm war.

„Halt!“, rief die Prinzessin, „bleib stehen!“ Die Mädchen kreischten vor Schreck und liefen hinter dem fliehenden Tier her. Doch sie kamen nicht weit. Denn der Stier stürmte mit der Prinzessin auf dem Rücken ins Meer und begann zu schwimmen. Europa klammerte sich an das weiche weiße Fell. Sie sah sich um. Ihre Freundinnen standen am Strand, sie riefen und winkten verzweifelt. Bald waren sie nur noch ganz weit entfernt zu sehen und ihre Stimmen erklangen immer leiser.

Die Prinzessin begann zu weinen. Doch schon bald bekam sie Spaß an dem rasanten Ritt durchs Wasser. „Schneller, lieber Stier!“, rief sie und lachte. Und bald trau-

te sie sich, das weiße Fell loszulassen und klatschte vor Freude in die Hände. Der Stier, der ja eigentlich Zeus war, passte gut auf, dass sie nicht herunterfiel.

Weit, weit schwamm der Stier mit der Prinzessin auf seinem Rücken über das blaue Meer. Endlich war in der Ferne Land zu sehen. „Das ist die Insel Kreta!“, sagte der Stier. Europa erschrak. „Du kannst sprechen, lieber Stier?“ Er antwortete nicht und nickte nur mit seinem breiten Nacken. An der Küste der Insel stieg er an Land. Europa sprang von seinem Rücken.

Da nahm Zeus menschliche Gestalt an. Als schöner junger Mann stand er vor Europa. „Als ich dich sah“, sprach er, „habe ich mich in dich verliebt. Möchtest du hier auf Kreta mit mir leben?“ Die Königstochter sah ihm in die Augen. Dann schaute sie sich die Landschaft ringsherum an. Beides gefiel ihr gut. „Ja“, sagte sie. „Ich möchte gern mit dir auf dieser wunderschönen Insel wohnen!“

Zeus ernannte Europa zur Königin der Insel Kreta. Und zu Ehren der jungen, schönen Frau wurde der ganze Erdteil, in dem wir heute leben, nach ihr benannt: Europa.

Und Hera, die Gattin des Gottes? Sie konnte Zeus auch dieses Mal nicht böse sein. Und sie freute sich, als er nach langer Zeit zu ihr auf den Olymp zurückkehrte.

Apollon und Daphne

Als der Gott Apollon noch ein junger Mann war, hatte er wenig Ehrfurcht vor den anderen Göttern. Eros, der Gott der Liebe, bekam das eines Tages zu spüren.

Eros war ein kleiner Junge mit blitzenden schwarzen Augen und Pausbacken. Immer trug er einen Bogen und zwei Pfeile mit sich, einen aus Gold und einen aus Blei. Wozu er die brauchte? Mit dem goldenen Pfeil schoss er die Liebe in die Herzen der Menschen und auch der Götter. Der Pfeil aus Blei dagegen machte die Herzen kalt und unnahbar. Aber seine Pfeile verletzten oder töteten niemanden.

Diesen kleinen Eros also traf der Gott Apollon. „Wie stolz du auf deine Pfeile bist!“, rief er ihm lachend zu. „Aber kann ein kleiner Kerl wir du denn überhaupt schon richtig zielen? Und ist der Bogen nicht viel zu schwer für dich?“

Er nahm Eros auf den Arm und ließ ihn zappeln. „Solche Waffen sind etwas für Männer, aber nichts für kleine Kinder“, sagte er hochmütig.

„Lass mich sofort runter!“, rief Eros und strampelte mit seinen dicken Beinchen. „Ich bin ein Gott so wie du!“ Apollon lachte und setzte ihn zurück auf den Boden.

Eros sah Apollon wütend an. „Du wirst schon sehen, dass ich mit Pfeil und Bogen umgehen kann!“

„Nanu!“, rief da eine helle Stimme. Eine Bergnymphe kam des Wegs. Sie hieß Daphne und war die Tochter des Flussgottes Peneios.

„Warum streitet ihr?“, fragte sie. Doch die beiden antworteten nicht. Daphne sah von einem zum andern, zuckte mit den Schultern und wollte gehen.

Schnell zog Eros den goldenen Pfeil aus dem Köcher und schoss ihn in Apollons Herz.

Apollon sah sich verwundert um. Ihm war plötzlich so merkwürdig zumute. Sein Blick traf auf Daphne. Sie schien ihm so wunderschön, so lieblich und einzigartig. Seine Augen begannen zu funkeln, er streckte die Arme nach der Nymphe aus. „O Daphne“, flüsterte er. „Werde meine Frau! Jetzt und für immer!“ Das war die Wirkung des Liebes-Pfeils.

Doch da nahm Eros den Pfeil aus Blei, spannte die Sehne des Bogens und schoss. Der Pfeil traf Daphne mitten ins Herz.

Auch dieser Pfeil blieb nicht ohne Wirkung. Daphnes Herz wurde kalt. Sie fand den jungen schönen Gott plötzlich hässlich und grässlich. Sollte er sich doch eine andere suchen! Sie drehte sich um und lief fort.

„Warte, Daphne!“, rief Apollon. „Warum läufst du vor mir weg?“ Aber die Nymphe war schon im nahen Wald verschwunden.

Eros kicherte. „Beeil dich, schöner Apollon! Vielleicht kannst du deine Liebste ja doch noch gewinnen!“ Apollon lief los und hörte noch lange hinter sich das laute Lachen des kleinen Liebesgottes.

„Daphne, wo bist du?“, tönte es immer wieder durch den

dichten Wald. Apollon suchte hinter jedem Baum und hinter jedem Busch. Tagelang irrte er umher. Endlich hatte er sie gefunden. Doch als er näher kam, blickte sie ihn wütend an. „Ich will dich nicht!“, rief sie. „Nicht dich und auch keinen anderen! Ich brauche keinen Ehemann und möchte für immer hier allein im Wald bleiben!“

Das hörte ihr Vater, der Flussgott Peneios. Er wusste, dass sie es ernst meinte. Und er erfüllte ihren Wunsch.

Daphne spürte, wie ihre Füße zu Wurzeln wurden, die sich in die Erde gruben. Dunkelgrüne Blätter rankten an ihr empor. Schließlich stand sie als ein kräftiger, wunderschöner Lorbeerbaum vor Apollon.

Der Gott umarmte den Stamm des Baumes. Er liebte Daphne auch in ihrer neuen Gestalt. Um ihr immer nah sein zu können, pflückte er einige der duftenden Lorbeerblätter und band sie zu einem Kranz. Den setzte er auf seinen Kopf und trug ihn von da an sein Leben lang. Nun war ein Teil seiner geliebten Daphne immer bei ihm.

Phaëtons größter Wunsch

Es war ein schöner Sommertag. Phaëton streifte mit seinen Freunden durch die Wälder. Im Schatten eines duftenden Pinienwäldchens ruhten sich die Jungen aus. Durch die Bäume, die sich sanft im Wind wiegten, fiel ein Strahl helles Sonnenlicht. Da zeigte Phaëton nach oben. „Seht nur!", sagte er zu seinen Freunden. „Dort fährt mein Vater in seinem Sonnenwagen über den Himmel!"

Verwundert schauten die Freunde zum Himmel empor. „Dein Vater?", rief einer. „Du wirst doch nicht behaupten, dass du der Sohn des Helios bist, des Sonnengottes!" Ein anderer begann zu lachen: „Du willst der Sohn eines Gottes sein?" Und ein Dritter schaute Phaëton spöttisch an:

„Gib nicht so an, Phaëton. Du stammst von sterblichen Menschen ab, so wie wir!“

Da sprang Phaëton auf und rief: „Ich bin der Sohn des Sonnengottes! Das könnt ihr glauben oder auch nicht!“

Wütend lief er nach Hause. „Mutter!“, rief er schon an der Tür. „Ich habe eine Frage!“

Seine Mutter Klymene kam die Treppe herab. „Was schreist du denn so? Was willst du denn wissen?“

Ihr Sohn stand ganz geknickt vor ihr. „Du sagtest mir, mein Vater sei Helios, der Sonnengott. Ist das die Wahrheit? Meine Freunde behaupten nämlich, mein Vater sei ein ganz gewöhnlicher Mensch. Sie haben mich verspottet und ausgelacht.“

Klymene nahm ihren Sohn in den Arm. „Du kannst meinen Worten glauben“, sagte sie. „Möchtest du deinen Vater kennenlernen? Geh nur hin zu seinem Palast. Er freut sich sicher über deinen Besuch.“

Da machte sich Phaëton auf den Weg zum Palast des Sonnengottes.

Nach einem langen Fußmarsch kam er endlich an sein Ziel. Schon von Weitem strahlte und funkelte der Palast so gleißend hell, dass Phaëton blinzeln musste und die Augen zusammenkniff. Ein prächtiges Tor aus blankem Silber öffnete sich vor ihm. Staunend ging der Junge hindurch.

Er kam in einen großen Saal. Dort saß der Sonnengott auf einem glitzernden Thron, der mit funkelnden Edelsteinen

besetzt war. Sein Kopf war von einem Strahlenkranz umgeben, der blendend hell leuchtete. Neben ihm standen seine Gehilfen: der Tag und das Jahr und die vier Jahreszeiten.

„Was führt dich zu mir, mein Sohn?“, hörte Phaëton den Gott sagen. „Warum hast du dich auf die weite Reise in mein Reich gemacht?“

Da fasste Phaëton Vertrauen in den strahlenden Gott und erzählte ihm, was ihn bedrückte. „Man glaubt mir nicht, dass ich dein Sohn bin!“, rief er. „Meine Freunde machen sich lustig über mich!“

Der Gott senkte den Kopf und sah Phaëton mitleidig an. „Mein armer Junge“, sprach er. „Du kannst ganz sicher sein, dass deine Mutter dir die Wahrheit gesagt hat. Du bist mein Sohn, und ich werde das niemals leugnen.“ Er streckte die Hand aus und Phaëton trat dicht vor ihn an den glitzernden Thron. „Und da ich dein Vater bin, möchte ich dir ein Geschenk machen“, sprach Helios. „Du darfst dir etwas wünschen, und ich werde dir diesen Wunsch erfüllen. Das schwöre ich beim Styx, dem Fluss der Unterwelt!“

Phaëtons Augen begannen zu leuchten, fast so hell wie der Sonnenkranz auf dem Kopf seines Vaters. „Es gibt etwas, das ich mir von Herzen wünsche“, rief er. „Ich möchte einen Tag lang deinen Sonnenwagen über den Himmel lenken!“

Da verwandelte sich das Lächeln des Gottes in eine betrübte Miene. Er schüttelte den Kopf. „Alles, alles will ich dir schenken, aber diesen Wunsch kann ich dir nicht erfüllen. Um den Sonnenwagen zu lenken, braucht es viel Erfahrung und göttliche Kraft. Nur ein Gott wie ich ist dieser Aufgabe gewachsen. Für dich wäre es viel zu riskant!“

„Aber du hast es versprochen!“, rief Phaëton. „Sogar geschworen hast du es! Ich habe nur diesen einen Wunsch, der tief aus meinem Herzen kommt.“

Helios sah ihn sorgenvoll an. „Der Weg über den Himmel ist steil und gefährlich. Nur mit Mühe schaffen es die Pferde, morgens den Wagen hinaufzuziehen, um mittags ganz oben am Himmel zu stehen. Und steil ist auch die Abfahrt, wenn der Wagen abends wieder hinabfährt. Es braucht eine sichere Hand, um meine Feuerpferde zu lenken.“

„Ach bitte, lieber Vater“, bettelte Phaëton. „Nur ein einziges Mal!“

Helios erhob sich von seinem Thron und führte seinen Sohn in einen Raum, in dem der Sonnenwagen stand. Hephiastos, der Gott des Feuers, hatte ihn kunstvoll geschmiedet. Aus Silber waren die Speichen der Räder, die Achse bestand aus purem Gold. Die vier Pferde schnaub-

ten und schüttelten ihre Mähnen. An ihrem Zaumzeug funkelten Rubine und Diamanten.

„Ich muss dir deinen Wunsch erfüllen“, sagte Helios mit sorgenvoller Stimme. „Denn ich habe es geschworen. Aber nimm dich in Acht, Phaëton! Lenke die Pferde nicht zu tief hinab, sonst gerät die Erde in Brand. Aber lenke sie auch nicht zu hoch, sonst steht der Himmel in Flammen! Und bleib in der Spur, sonst geschieht ein Unglück!“

Er bestrich das Gesicht seines Sohnes mit einer Salbe, damit die Hitze ihm nichts anhaben konnte. Dann nahm er seinen Strahlenkranz von Kopf und setzte ihn Phaëton aufs Haar.

In diesem Moment öffnete Eos, die Göttin der Morgenröte, das himmlische Tor. Phaëton sprang in den Wagen und ergriff die Zügel. Die Pferde trotteten los. Voller Angst blickte Helios seinem Sohn nach.

Hoch hinauf ging die steile Fahrt von der Morgenröte zur Mittagsglut. Nach einiger Zeit merkten die Pferde, dass der Wagen, den sie zogen, viel leichter war als sonst, wenn der Gott darin gesessen hatte. Sie bäumten sich auf, begannen einen wilden Galopp. Phaëton zog die Zügel an. Doch vergeblich. Die Rosse ließen sich nicht bändigen. Sie verließen die Spur, sprangen wild am Himmel hin und her, hinauf und hinab.

„Warum gehorcht ihr mir nicht!“, rief Phaëton und begann vor Angst zu zittern. Er ließ die Zügel los. Der

Sonnenwagen schoss hinunter zur Erde, dann wieder hinauf bis fast zu den Sternen. Die Wolken begannen rot zu glühen. Die Erde fing Feuer. Die Wälder und Felder, die Bäume und die Häuser – alles brannte bald lichterloh.

Oben auf dem Olymp hatte Zeus, der Göttervater, das Unglück beobachtet. Er musste dafür sorgen, dass die wilde Fahrt nicht noch mehr Unheil anrichtete! Mit aller Kraft schleuderte er einen Blitz in den Sonnenwagen. Der Wagen kippte um und Phaëton fiel wie ein Stein zur Erde, genau in einen Fluss.

Die Pferde aber brachten den Sonnenwagen zurück zu ihrem Herrn, dem Gott Helios. So kommt es, dass noch heute die Sonne ihren Weg über den Himmel nimmt, vom Osten am Morgen über den Süden am Mittag und zum Westen am Abend.

Namen und Begriffe in diesem Buch

Hier findest du die wichtigsten Namen und Begriffe, die in diesem Buch vorkommen

Agamemnon *König von Mykene*
Agenor *König von Phönizien, Vater von Europa*
Aiaia *Insel, auf der die Hexe Kirke lebte*
Amphitryon *Pflegevater des Helden Herakles*
Aphrodite *Göttin der Liebe und der Schönheit*
Apollon *Gott des Lichts, der Musik und der Künste*
Ariadne *Göttin der Fruchtbarkeit, Tochter des Königs Minos*
Artemis *Göttin der Jagd, des Mondes und der Frauen*
Asterios *König von Kreta, Pflegevater von König Minos*
Athene *Göttin der Weisheit. Ihr Symbol war die Eule*
Atlas *Bruder des Prometheus. Er trug den Himmel auf seinen Schultern*
Augias *Sohn des Sonnengottes Helios, König auf der Halbinsel Peloponnes*

Charon *Fährmann in der Unterwelt, der die Verstorbenen über den Fluss Styx ruderte*
Charybdis *ein Meeresungeheuer*

Daidalos *Baumeister, der das Labyrinth auf Kreta entwarf*
Demeter *Göttin der Erde und der Fruchtbarkeit*
Dionysos *Gott des Weines und des Feierns*

Echo *Nymphe, die in den Bergen lebte*
Eos *Göttin der Morgenröte*
Eris *Göttin des Neids und des Streits*
Eros *Gott der Liebe*
Europa *Königin von Kreta*
Eurydike *Ehefrau des Orpheus*
Eurystheus *König von Mykene, der Herakles knifflige Aufgaben stellte*

Hades *Name für das Totenreich und auch für den Gott, der darin herrschte*
Helena *Tochter des Zeus, schönste Frau der Welt, sie wurde nach Troja entführt*
Helios *der Sonnengott*
Hephaistos *Gott des Feuers und der Schmiede*
Hera *Frau des Zeus*
Herakles *berühmter Held, Sohn des Zeus*
Hermes *Sohn des Zeus, Bote der Götter, Gott der Reisenden*
Hesperiden *Töchter des Abendsterns. Sie hüteten die goldenen Äpfel des ewigen Lebens*
Ikaros *Sohn des Daidalos*
Ithaka *eine Insel vor der Westküste Griechenlands*

Kalliope *Muse der Dichtung und des Musizierens auf Saiteninstrumenten, Mutter von Orpheus*
Kerberos *Hund mit drei Köpfen, der die Unterwelt bewachte*
Kirke *Zauberin, die auf der Insel Aiaia lebte*
Klymene *Mutter des Phaëton*
Köcher *ein Behälter zum Umhängen, in dem Pfeile aufbewahrt werden*

Ladon *ein Drache mit hundert Köpfen. Er bewachte den Garten der Hesperiden*
Lyra *ein Saiteninstrument*

Menelaos *König von Sparta, Ehemann der Helena*
Minos *König von Kreta*
Minotauros *Ungeheuer, das einen Stierkopf auf einem menschlichen Körper trug*
Musen *Töchter von Zeus, Göttinnen der Kunst*
Mykene *wichtige Stadt im alten Griechenland*

Narkissos *wird auch Narziss genannt. Er verliebte sich in sein eigenes Spiegelbild*
Nereus *einer der Meeresgötter*
Nymphe *weiblicher Naturgeist*

Odysseus *König von Ithaka, Held im trojanischen Krieg. Er irrte zehn Jahre lang über die Meere*

Olymp *Gebirge, auf dessen Gipfel die Götter lebten*

Orpheus *Sohn des Gottes Apollon, berühmter Sänger und Lyra-Spieler*

Pan *der Gott des Waldes, der Natur und der Hirten*

Pandora *junge Frau, die das Unheil auf die Welt brachte*

Paris *Sohn des Königs Priamos von Kreta. Er entführte die schöne Helena nach Troja*

Pasiphaë *Tochter des Sonnengottes, Ehefrau von König Minos*

Peleus *König, der die Streit-Göttin Eris nicht zu seiner Hochzeit einlud*

Peloponnes *Halbinsel im Süden von Griechenland*

Penelope *Frau von Odysseus*

Persephone *Tochter der Demeter, Frau von Hades, dem Gott der Unterwelt*

Phaëton *Sohn des Sonnengottes Helios und dessen Frau Klymene*

Philemon und Baucis *ein altes Ehepaar, das Zeus und Hermes freundlich bei sich aufnahm*

Phönizien *frühere Landschaft am Mittelmeer im heutigen Erdteil Asien*

Pinien *Nadelbäume, die in den Ländern am Mittelmeer wachsen*

Poseidon *einer der Meeresgötter*

Priamos *König von Troja, Vater von Paris*

Prometheus *Gott, der den Menschen das Feuer brachte*

Silenos *Lehrer des Gottes Dionysos*
Sinon *griechischer Held, Gefährte von Odysseus*
Sirenen *Wesen, die halb Frau, halb Vogel waren und wunderschön singen konnten*
Styx *Fluss in der Unterwelt*
Syrinx *Nymphe, auch der Name der Panflöte*

Taygetos-Gebirge *Berge auf der Halbinsel Peloponnes*
Telemachos *Sohn des Odysseus*

Theseus *er besiegte den Minotauros, wurde später König von Athen*
Thetis *Tochter des Meeresgottes Nereus, Ehefrau von König Peleus*

Zeus *der wichtigste und mächtigste der griechischen Götter auf dem Olymp*